W0224746

# Amtsarztfragen für die Psychotherapeutenprüfung

## Band 1

ISBN 3-929915-23-5

© ARDEA Verlag
Die vorliegenden Fragen dürfen im Sinne des Autors und des Verlags
für **Amtsarztprüfungen** benutzt werden.
Alle anderen Nutzungen bedürfen der Genehmigung des Verlags.

Karl Heinz Herzog
Karolinenstr. 38
90 763 Fürth/Bay.
Fax: 0911/ 77 67 94

Der vorliegende Band „**AMTSARZTFRAGEN FÜR DIE PSYCHOTHERAPEUTENPRÜFUNG**“ ist als Ergänzung zu dem bereits erschienenen Band

**„PSYCHIATRIE“**

aus der Reihe der

**„Amtsarztfragen für die Heilpraktikerprüfung“**

gedacht. In der „Psychiatrie“ sind diejenigen Fragen und Wissensinhalte aufgeführt, die Heilpraktiker **und** Psychotherapeuten zu gleichen Teilen betreffen; in

„Amtsarztfragen zur **Psychotherapeutenprüfung**“

gehe ich hauptsächlich auf Fragen aus der „eingeschränkten Prüfung zum Heilpraktiker“ (*Berufsbezeichnung: naturheilkundlicher Psychotherapeut*) ein.

Die Fragen sind ein erstes Resumee aus ca. zwei Jahren Prüfung. Der vorliegende Band ist eine Hilfe, um sich auf die Prüfung vorzubereiten - er soll - wie auch unser Vademecum - kein Ersatz für ein Lehrbuch, respektive eine gute Ausbildung sein!

Beachten Sie bitte, daß Sie als psychotherapeutisch Tätiger wesentlich mehr wissen sollten, als nur diese beiden Bände à 50 Fragen, zuzüglich Vademecum.

Prüfen Sie sich, ob Sie, auch wenn Sie die „amtliche Erlaubnis“ haben, wirklich in der Lage sind, mit psychisch labilen Menschen umzugehen. Bedenken Sie, daß psychotherapeutisch tätige Ärzte eine 3jährige Selbsterfahrungszeit hinter sich haben. Ein guter Psychotherapeut ist selbst gefestigt und geht mit gutem Beispiel voran.

☞ Besuchen Sie Selbsterfahrungskurse und arbeiten Sie intensiv an sich! Schließen Sie sich mit anderen Therapeuten zu einem regelmäßigen Erfahrungsaustausch zusammen.

Überlegen Sie sich, was man mit einer unsachgemäßen Psychotherapie alles anrichten kann und trauen Sie sich nicht zuviel zu. Halten Sie Kontakt zu einem Arzt - psychische Symptome sind interdisziplinär oft am besten zu behandeln.

Wenn Sie diese Ratschläge beherzigen, haben Sie in Ihrem neuen Beruf allerdings eine ideale Möglichkeit, zu sich selbst zu finden. Jeder Patient, über den Sie nachdenken, veranlaßt Sie, über sich selbst nachzudenken. Das, was Ihnen am Patienten auffällt, ist zum großen Teil eine Projektion eigener persönlicher Themen - wichtig ist die Bereitschaft daran zu arbeiten.
Wie sagt der Volksmund: wir bekommen die Patienten, die wir verdienen.......

Fürth, Juli 96

P. Rommelfanger

K.H. Herzog

Therapie, Therapiehinweise, Tips für die Praxis.

schlechte Prognose

gute Prognose

Hinweise, Tips oder auch wichtiges für die Prüfung was nirgendwo steht aber schon nützlich war.

Wiederum Hinweise (*Sie sehen, das taucht öfter auf*), diesmal eher technische Hinweise, Querverweise auf andere Themen oder Fragen, bzw. auch ... daraus folgt, ... das führt zu ...

Diagnose

Komplikationen, auch **ACHTUNG!** oder Vorzeichen für ernstere Zwischenfälle.

●○ Aufzählungen, wichtige Punkte (*die z. T. auch schon wörtlich so gefordert wurden*!)

⊙● ebenfalls Aufzählungen, aber thematisch untergeordnet (*im Sinne der Frage*)

Beschwerden des Patienten, Anamnese.

Labor; Befunde.

klinische Erscheinungen.

bei diesem Symbol sollte Ihnen ein Licht aufgehen. Meist handelt es sich um pathophysiologische Fakten.

hier sollten Sie nachsehen bei ...

ganz besonders wichtig für Sie: **BEHANDLUNGSVERBOT !!**

§§ das gehört ebenfalls zur **... GESETZESKUNDE !!**

Zu guter letzt noch ein ➠ für den Index, der auch zum Lernen gedacht ist. Die fetten Zahlen sind Fragen, in denen das Stichwort verlangt wird, normal gedruckte Zahlen verweisen auf einen Kommentar.

**1) Welche Aussage/n ist/sind richtig?**

**a)** Psychotherapie fällt unter das Gesetz zur Ausübung der Heilkunde, wenn sich die Behandlung auf seelische Krankheiten, wie z. B. Neurosen erstreckt.

**b)** Psychotherapie fällt unter das Gesetz zur Ausübung der Heilkunde, wenn sie eigenverantwortlich durchgeführt wird.

**c)** Psychotherapie fällt nur dann unter das Gesetz zur Ausübung der Heilkunde, wenn sie verhaltenstherapeutisch oder analytisch beispielsweise bei Phobien und Zwangssymptomen eingesetzt wird.

**d)** Psychotherapie fällt nicht unter das Gesetz zur Ausübung der Heilkunde, da das Behandlungsverfahren „Psychotherapie“ nicht genau definiert werden kann.

**e)** „Psychotherapeut“ darf sich jeder nennen; auch wenn er nicht im Besitz einer Erlaubnis zur Behandlung von Krankheiten nach dem Heilpraktiker-Gesetz ist.

**A)** Alle Aussagen sind richtig.
**B)** Nur Aussagen a, b und e sind richtig.
**C)** Nur Aussagen b und c sind richtig.
**D)** Nur Aussagen d und e sind richtig.
**E)** Nur Aussagen b, c und e sind richtig.

**Antwort:**

Antwort

☒ Lösung Ⓑ a+b ist richtig

Das **PSYCHOTHERAPEUTENGESETZ** ist rechtlich Bestandteil des Heilpraktikergesetzes, damit ist der **GELTUNGSBEREICH** dieses Gesetzes auch der gleiche.

Vom rechtlichen Standpunkt ist weder der Begriff „**HEILPRAKTIKER**“ noch der Begriff „**PSYCHOTHERAPEUT**“ geschützt, d. h., jeder kann sich „Psychotherapeut“ oder „Heilpraktiker“ nennen.

§§ Anders ist es bei denjenigen Bezeichnungen, die mit einer staatlichen Prüfung (*Staatsexamen*) einhergehen (*Doktortitel, Arzt, z. B.*); diese Bezeichnungen sind **GESCHÜTZT** und es ist strafbar, sich widerrechtlich **TITEL** anzueignen.

Die Dingen liegen aber anders, wenn Sie tatsächlich die Heilkunde **AUSÜBEN** wollen:

☞ jetzt brauchen Sie eine Erlaubnis gemäß **§ 1 DES HEILPRAKTIKERGESETZES**.

**§ 1** ➠ **ERLAUBNIS**:

*(1) Wer die Heilkunde, ohne als Arzt bestallt zu sein, ausüben will, bedarf dazu der Erlaubnis.*

*(2) Ausübung der Heilkunde im Sinne des Gesetzes ist jede berufs- oder gewerbsmäßig vorgenommene **TÄTIGKEIT** zur*

- *Feststellung,*
- *Heilung oder*
- *Linderung von*
  - ➠ *Krankheiten,*
  - ➠ *Leiden oder*
  - ➠ *Körperschäden beim Menschen,*

***AUCH WENN SIE IM DIENSTE VON ANDEREN AUSGEÜBT WIRD.***

*(3) Wer die Heilkunde bisher berufsmäßig ausgeübt hat und weiterhin ausüben will, erhält die Erlaubnis nach Maßgabe der Durchführungsbestimmungen; er führt die Berufsbezeichnung „Heilpraktiker“.*

ⓐ Gemäß §1, Absatz 2 fällt eine **BEHANDLUNG VON KRANKHEITEN** unter das Heilpraktikergesetz und ist damit **ERLAUBNISPFLICHTIG.**
**NEUROSEN** gehören zu den **SEELISCHEN KRANKHEITEN**; wenn Sie Neurosen berufs- und gewerbsmäßig behandeln wollen, also „vorsätzlich" und wiederholt, brauchen Sie dazu entweder

- ein **STUDIUM** (*Medizin*) oder
- eine **ERLAUBNIS DES GESUNDHEITSAMTES** (*Heilpraktiker- oder Psychotherapeutenschein*).

☞ *Wichtig ist hier, daß auch bereits die* ***DIAGNOSE*** *=* ***„FESTSTELLUNG EINER ERKRANKUNG"*** *unter das Heilpraktikergesetz fällt.*

**NICHT** unter das Heilpraktikergesetz fallen Binsenweisheiten, die Sie im Freundeskreis zum besten geben: *„man muß auf sich selbst und seine eigene Wahrheit hören"*, *„man muß das tun, was einem im Inneren wirklich Spaß macht"* oder Ähnliches.

Unter das Heilpraktikergesetz fallen

**„ ... Tätigkeiten, die nach allgemeiner Vorstellung besonderes (*ärztliches*) Wissen voraussetzen. „**

☞ So z. B. auch

!! **REIKI-THERAPIE** gegen Krebs, Rheumaschmerzen oder
!! **FARBTHERAPIE** gegen Depressionen!

ⓑ Wer die Heilkunde in eigener Regie ausüben und eigenständig Diagnosen stellen will, braucht ein „offizielles" Papier. Das gilt z. B. auch für Praktika: in dem Moment, wo Sie selbständig Hand an den Patienten legen, sind Sie scheinpflichtig.
**„ ... auch wenn sie im Dienste von Anderen ausgeübt wird."**

ⓒ Die „**GROSSE PSYCHOTHERAPIE**", also **VERHALTENSTHERAPEUTISCHE SITZUNGEN** oder gar eine richtige **PSYCHOANALYSE** fallen natürlich auch unter die erlaubnispflichtigen Tätigkeiten - aber **NICHT NUR** die „große Psychotherapie" sondern auch die anderen Verfahren (*„kleine Psychotherapie"*), wie

- Gesprächstherapie,
- Kunsttherapie oder
- Hypnosesitzungen

stellen eine Behandlung dar, die unter das **HEILPRAKTIKERGESETZ** fällt.

ⓓ Das Behandlungsverfahren „**PSYCHOTHERAPIE**" kann sehr wohl definiert werden:

**„Psychotherapie ist eine Behandlungsmethode, die hauptsächlich auf der Basis zwischenmenschlicher Kommunikation beruht."**

*Falls Sie wirklich der Meinung sind, „Psychotherapie" lasse sich nicht definieren, sollten Sie Ihren Entschluß, sich die Prüfung vor dem Amtsarzt anzutun, vielleicht nochmal überlegen.*

ⓔ Wie oben bereits ausgeführt, besagt das Wort „Psychotherapeut" alleine gar nichts.
Sie können z. B. ein Buch schreiben, und sich darin als Psychotherapeut betiteln, ohne daß Ihnen jemand was am Zeug flicken kann.

Es ist nicht das Wort, das den Unterschied macht, sondern der Schein: um die Psychotherapie zu **BETREIBEN**, also um eine **PRAXIS AUFZUMACHEN**, benötigen Sie eine **ERLAUBNIS**.

Nach Erhalt des Scheines dürfen Sie sich **NATURHEILKUNDLICHER PSYCHOTHERAPEUT** nennen und, *als Hauptunterschied zum übrigen Fußvolk*, **DIE PSYCHOTHERAPIE BERUFS- UND ERWERBSMÄSSIG BETREIBEN**.

**2) Welche Aussage ist richtig?** √

Seit mehreren Jahren bestehen bei einer 45jährigen Patientin anhaltende, aber wechselnde Beschwerden wie Hautbrennen und Hautjucken, gastrointestinale Schmerzen, Übelkeit mit Erbrechen, verbunden mit Unpäßlichkeit, Gereiztheit parallel zu dem Auftreten intrafamiliärer Spannungen. Eine körperliche Ursache war bisher nie zu finden.

**Es handelt sich am ehesten um ...**

**A)** ..... eine multiple psychosomatische Störung
**B)** ..... hypochondrischer Wahn
**C)** ..... larvierte Depression
**D)** ..... eine Stoffwechselkrankheit
**E)** ..... eine beginnende Schizophrenie

**Antwort:**

☒ Lösung Ⓐ

Ⓐ **PSYCHOSOMATISCHE KRANKHEITEN** sind definiert als „... **Krankheiten, bei denen sich psychische Erkrankungen in körperlichen Symptomen äußern**".

In unserem Beispiel treten die Symptome parallel zu den Spannungen innerhalb in der Familie auf - *also sind wir hier genau auf dem Gebiet der Psychosomatik.*

Es handelt sich bei dieser Patientin halt nicht nur um eine einzige (*klassische*) psychosomatische Erkrankung, sondern um ein breiteres Spektrum ...

☞ eine **MULTIPLE STÖRUNG**.

Ⓑ Der **HYPOCHONDRISCHE WAHN** geht mit einer wahnhaften Befürchtung einher, nämlich der, unheilbar krank zu sein.
Ein Wahn ist gekennzeichnet durch

- **ABSOLUTE SUBJEKTIVE GEWISSHEIT**;

er ist

- unkorrigierbar und
- unverstehbar.

📖 **siehe Amtsarztfragen PSYCHIATRIE**

Beim hypochondrischen Wahn „suchen" sich die Patienten meistens eine bestimmte Krankheit „raus", die sie vermeintlich haben - und alle unauffälligen Untersuchungsergebnisse der Welt bringen sie nicht von der Überzeugung ab, diese Krankheit zu haben und bestenfalls auch noch an ihr zu sterben.

In unserem Beispiel

- fehlt die **STARKE ÜBERZEUGUNG**, an AIDS oder an Krebs zu leiden und
- es fehlt das **ÜBERSTARKE MISSTRAUEN** gegenüber den vielen normal ausgefallenen Untersuchungsbefunden.
- Es fehlt die Aussage **„ICH WEISS, DASS ICH ..... HABE"**.

Ⓒ Unter einer **LARVIERTEN DEPRESSION** versteht man eine **ENDOGENE DEPRESSION** (*Melancholie*), die sich vornehmlich in **KÖRPERLICHEN SYMPTOMEN** äußert.

Der Patient, der unter einer larvierten Depression leidet, hat **auch** eine Vielzahl von Symptomen, bei der Patientin in unserem Beispiel, aber - ***und das ist das Entscheidende*** - fehlt das **MORGENTIEF**, das charakteristisch für die endogene Depression ist.

Unsere Patientin hätte in diesem Fall noch mitteilen müssen, daß alle Befindlichkeitsstörungen am Morgen am schlimmsten sind und sich im Laufe des Tages bessern.

📖 **siehe Amtsarztfragen PSYCHIATRIE.**

Ⓓ Eine **STOFFWECHSELKRANKHEIT** kann ein

- ● **AKUTES** oder ein
- ○ **CHRONISCHES ORGANISCHES PSYCHOSYNDROM** hervorrufen.

● Ein **AKUTES ORGANISCHES PSYCHOSYNDROM** geht

- ❶ mit einem **AMENTIELLEN SYNDROM,**
- ❷ mit einem **DELIR**
- ❸ oder mit einem **DÄMMERZUSTAND** einher.

❶ Unter einem **AMENTIELLEN SYNDROM** versteht man ein **VERWIRRTHEITSSYNDROM**; der Patient ist **ZEITLICH UND ÖRTLICH DESORIENTIERT**.

❷ Das **DELIR** ist gekennzeichnet durch

- ● **HALLUZINATIONEN,**
- ● **ILLUSIONEN,**
- ● **PSYCHOMOTORISCHE UNRUHEZUSTÄNDE** und
- ● **VEGETATIVE DYSREGULATIONEN**.

❸ Unter einem **DÄMMERZUSTAND** versteht man einen **tranceähnlichen Zustand**, in dem scheinbar besonnene Handlungen ausgeführt werden können, der Patient aber Dinge nicht richtig beurteilen und einordnen kann. Danach besteht oft eine **AMNESIE** (*Erinnerungslosigkeit*).

○ Ein **CHRONISCHES PSYCHOSYNDROM** macht sich bemerkbar mit

- ○ **PERSÖNLICHKEITSVERÄNDERUNGEN**, wie einer Störung
  - ⊙ des Antriebs,
  - ⊙ der Stimmung und
  - ⊙ der Kritikfähigkeit und/oder mit ...
- ○ einer **DEMENZ**.
  Die Demenz (*Intelligenzverlust*) geht ebenfalls mit Orientierungsstörungen und Verwirrtheit einher.

Ein chronisches Psychosyndrom kann auch in ein **KORSAKOW-SYNDROM** münden. Zur Symptomentrias des Korsakow-Syndroms gehören die ...

- ○ Störung der **MERKFÄHIGKEIT**
- ○ Störung der **ORIENTIERUNG**
- ○ Störung der **DENKFÄHIGKEIT**. (*Kritik- und Urteilsfähigkeit*)

Ⓔ Eine **SCHIZOPHRENIE** kann man nach

- den **GRUND**- und **AKZESSORISCHEN SYMPTOMEN** nach **BLEULER** und/ oder
- den **SYMPTOMEN ERSTEN UND ZWEITEN RANGES** nach **KURT SCHNEIDER** diagnostizieren:

- Zu den **GRUNDSYMPTOMEN** nach Bleuler gehören die 4 A's:
  - Störung der **A**ssoziation
  - Störung der **A**ffekte
  - **A**utismus
  - **A**mbivalenz

Die Grundsymptome nach Bleuler sind oft bei **SCHIZOPHRENEN RESIDUALZUSTÄNDEN** sichtbar.

- Die **AKZESSORISCHEN SYMPTOME** nach Bleuler beinhalten ...
  - Wahn
  - Halluzinationen
  - Katatoniesyndrome.

Die **Grundsymptome** nach Bleuler sind **typisch** für die **Schizophrenie**, während die akzessorischen Symptome auch bei anderen Psychosen und Auffälligkeiten vorkommen.

☞ Jedoch rechtfertigt nie **EIN SYMPTOM ALLEINE** die Diagnose Schizophrenie!

○ Nach **K. SCHNEIDER** gehören zu den Symptomen **ERSTEN RANGES**:

- ○ **ICH-STÖRUNGEN**
- ○ **GEDANKENEINGEBUNG, GEDANKENLAUTWERDEN, GEDANKENBEEINFLUSSUNG**
- ○ **WAHNWAHRNEHMUNGEN**
- ○ **STIMMENHÖREN IN FORM VON REDE UND GEGENREDE**
- ○ **FREMDBEEINFLUSSUNGSERLEBNISSE**

⊙ Zu den **SYMPTOMEN ZWEITEN RANGES** nach K. Schneider zählen:

- ⊙ der **WAHNEINFALL**
- ⊙ **HALLUZINATIONEN**
- ⊙ **GEFÜHLSVERARMUNG**
- ⊙ **VERSTIMMUNGEN.**

Wenn **mehrere Symptome ersten Ranges** nach K. Schneider zusammentreffen, bzw. **mindestens ein Symptom ersten Ranges und 2 Symptome zweiten Ranges,** kann, *nach* ***DEFINITIVEM AUSSCHLUSS EINER ORGANISCHEN PSYCHOSE***, eine **SCHIZOPHRENIE** angenommen werden.

*Wenn Sie sich nochmal unsere Patienten aus der Frage anschauen, werden Sie mit mir übereinstimmen, daß hier kein einziges schizophrenes Symptom vorlag.*

**siehe Amtsarztfragen PSYCHIATRIE.**

**3) Beurteilen Sie beide Aussagen und die Verknüpfung:**

Die Schizophrenia simplex ist die am leichtesten zu diagnostizierende Form der Schizophrenie

**weil**

die Patienten im Anfang sehr auffällig sind.

**A)** Beide Aussagen und die Verknüpfung sind richtig.
**B)** Beide Aussagen sind richtig.
**C)** Nur die erste Aussage ist richtig.
**D)** Nur die zweite Aussage ist richtig.
**E)** Keine Aussage ist richtig.

**Antwort:**

☒ Lösung Ⓔ

Die **SCHIZOPHRENIA SIMPLEX** stellt eine **CHRONISCHE VERLAUFSFORM** der **SCHIZOPHRENIE** dar.

Eigentlich verläuft eine Schizophrenie in **SCHÜBEN** - bis auf diese eine Ausnahme: die **chronische** Schizophrenie geht mit einem **langsam progredienten** (*fortschreitenden*) **Zerfall der Persönlichkeit** einher.

Die Patienten werden **IM LAUFE VON JAHREN** einfach immer „komischer“: sie

- ziehen sich zurück,
- meiden immer mehr jeglichen sozialen Kontakt ...

und werden - im Extremfall - irgendwann verwahrlost vom Sozialdienst in ihrer Wohnung aufgefunden.

*Nun, wer kennt keine „komischen“ Typen, die Geselligkeiten nach Kräften meiden? Die Diagnose einer chronischen Schizophrenie ist daher gar nicht so einfach.*

☞ Prinzipiell ist derjenige krank, bzw. behandlungsbedürftig, **der im Leben nicht mehr zurecht kommt**.

Der chronisch Schizophrene hat sein „Eigenbrötlertum“ so weit getrieben, daß er nicht mehr adäquat für sich sorgen kann, so daß er **HILFE BENÖTIGT**, diese aber meistens nicht mehr anfordern kann.

Zur Diagnostik sucht man nach den

- **GRUNDSYMPTOMEN NACH BLEULER**
  (*hier wird man wohl am ehesten fündig*) oder nach den
- **SYMPTOMEN ERSTEN RANGES NACH K. SCHNEIDER**.

➧ Man bedient sich in diesem Fall gerne **PROJEKTIVER TESTS** (*Rorschach z. B.*) um die **SCHIZOPHRENIETYPISCHEN WAHRNEHMUNGSSTÖRUNGEN** herauszufinden.

☞ Die Diagnose ist also weder ins Auge springend, noch sind die Patienten initial (*zu Anfang*) besonders auffällig.

**4) Beurteilen Sie beide Aussagen und die Verknüpfung:**

Die Behandlung von Schizophrenie mit Neuroleptika ist adäquat,

**weil** / trotz?

Neuroleptika viel Nebenwirkungen haben.

**A)** Beide Aussagen und die Verknüpfung sind richtig.
**B)** Beide Aussagen sind richtig.
**C)** Nur die erste Aussage ist richtig.
**D)** Nur die zweite Aussage ist richtig.
**E)** Keine Aussage ist richtig.

**Antwort:**

☒ Lösung Ⓑ

Da Schizophrenie **keine einheitliche Erkrankung** darstellt, gibt es auch nicht **DIE** Behandlung der Schizophrenie.

*Auf der anderen Seite ist Schizophrenie eine **behandlungsbedürftige** Erkrankung, da sie zu einem Persönlichkeitszerfall führen kann.*

Das **KLASSISCHE BEHANDUNGSMEDIKAMENT** ist das **NEUROLEPTIKUM**.

Neuroleptika können sowohl in der **AKUTPHASE** als auch als **LANGZEITBEHANDLUNG** eingesetzt werden.

Neuroleptika haben einen **SEDIERENDEN** (*beruhigenden*) **EFFEKT** und wirken auf

- **WAHNVORSTELLUNGEN,**
- **KATATONE ZUSTANDSBILDER** und
- **SCHIZOPHRENE ICH-STÖRUNGEN** positiv ein.

Neuroleptika gibt es in allen Variationen - *fast maßgeschneidert.*

⊙ Es gibt Substanzen, die **BESONDERS STARK DÄMPFEND** wirken; sie werden bei **ERREGUNGSZUSTÄNDEN** eingesetzt:

- ⊙ **DOGMATIL,**
- ⊙ **TRUXAL,**
- ⊙ **NEUROCIL.**

○ Andere Neuroleptika wirken in erster Linie auf **WAHNSYMPTOME** und **DENKSTÖRUNGEN** ein; Beispiel:

- ○ **ORAP,**
- ○ **HALDOL,**
- ○ **FLUANXOL.**

Man kann durch Kombination verschiedener Präparate ein, für den Patienten optimales Wirkungsspektrum zusammenstellen.

Weitere Therapien, die bei der Schizophrenie zum Tragen kommen sind:

- **UNTERSTÜTZENDE PSYCHOTHERAPIE,**
  *Verhaltenstherapie, Familientherapie, Gruppentherapie*

- **SOZIOTHERAPIE,**
  *Ergotherapie, Milieugestaltung*

- **REHABILITATIONSMASSNAHMEN.**

**Besonders diejenigen Neuroleptika, die wenig sedierend wirken, dafür mehr auf Wahn und andere schizophrene Symptome Einfluß nehmen, haben ziemliche Nebenwirkungen.** *Der Therapeut wird aber im Zweifelsfall Nebenwirkungen in Kauf nehmen, wenn damit die psychotischen Symptome in den Griff zu bekommen sind.*

Die wichtigsten Nebenwirkungen betreffen die extrapyramidale Motorik - es treten parkinsonähnliche Symptome auf. Die Patienten weisen ...

- eine **BEWEGUNGSARMUT** (*Akinese*),
- eine **ALLGEMEINE ERHÖHUNG DES MUSKELTONUS** (*Rigor*) und
- einen **RUHETREMOR** (*Zittern in Ruhe*) auf.

**siehe Amtsarztfragen NERVENSYSTEM KLINIK.**

Diejenigen Neuroleptika, die in erster Linie **SEDIEREND** wirken, haben **ANTICHOLINERGE NEBENWIRKUNGEN**, wie

- **ORTHOSTATISCHE DYSREGULATIONEN** *(Schwindel)*
- **MUNDTROCKENHEIT**
- **AKKOMODATIONSSTÖRUNGEN** (*Sehstörungen*)
- **MIKTIONSSTÖRUNGEN** (*Störungen beim Wasserlassen*)

➡ Die Neuroleptika können noch weitere Nebenwirkungen aufweisen:

- **ABNAHME DER WEISSEN BLUTKÖRPERCHEN**
- **EPILEPTISCHE ANFÄLLE**
- **HAUTAUSSCHLÄGE** und **ALLERGIEN**
- **LEBERFUNKTIONSSTÖRUNGEN**
- **GEWICHTSZUNAHME, ÖDEME**

➡ Neuroleptika haben auch im Bereich der Psyche unerwünschte Wirkungen. So können die Patienten

- **MÜDE** und **LUSTLOS** werden.

Trotz der vielen Nebenwirkungen ist aber wichtig zu betonen, daß Neuroleptika **NICHT ZUR SUCHT FÜHREN**; weder zu einer **PSYCHISCHEN** noch zu einer **PHYSISCHEN ABHÄNGIGKEIT**.

√ **5) Welche Aussage ist richtig?**

Ein Patient hat eine unbestimmte Angst.

**Es handelt sich um ...**

**A) .....** eine Phobie
**B) .....** eine Angstneurose
**C) .....** einen Wahn
**D) .....** eine Psychose

**Antwort:**

☒ Lösung Ⓑ

Ⓑ Bei einer **UNBESTIMMTEN ANGST** hat der Patient einfach Angst - er kann gar nicht einmal genau sagen, wovor.
In diesem Fall spricht man von einer **ANGSTNEUROSE** - der Patient leidet z. B. unter der **ANGST VOR DER ANGST**.

Diese unbestimmte Angst kann sich auch als **PANIKATTACKE** äußern: hier tritt die Angst zusammen mit **STARKEN KÖRPERLICHEN SYMPTOMEN** auf und völlig unerwartet, also **nicht im Zusammenhang mit einer angstauslösenden Situation**.

Ⓐ Bei einer **PHOBIE** kann Ihnen der Patient sehr wohl mitteilen, wovor er Angst hat:

- vor Spinnen,
- vor Mäusen,
- vor dem Überqueren großer Plätze,
- vor der Enge im Aufzug etc.

Der Phobiker hat es etwas besser als der Angstneurotiker: er fühlt sich zwar genauso unwohl, kann aber das **OBJEKT SEINER ANGST MEIDEN** (*was er auch meistens tut*).

Ⓒ Ein **WAHN** ist im wesentlichen eine **UNKORRIGIERBARE ÜBERZEUGUNG**. Ein Wahn ist ...

- **UNVERSTEHBAR, UNKORRIGIERBAR,**
- **NICHT BEWEISBEDÜRFTIG**, und
- es besteht immer ein **KRANKHAFTER ICH-BEZUG**.
  *Der Patient steht natürlich im Mittelpunkt seines Wahngebildes.*

**Wahn hat nicht unbedingt immer was mit Angst zu tun.**

Ⓓ Unter einer **PSYCHOSE** versteht man entweder

- eine **SCHIZOPHRENIE**,
- eine **CYCLOTHYMIE** oder
- eine **ORGANISCH BEGRÜNDBARE PSYCHOSE**.

Ⓓ Die Schizophrenie diagnostiziert man nach **KURT SCHNEIDER** und/oder nach **BLEULER**:

**SYMPTOME ERSTEN RANGES** (*Schneider*):

- **ICH-STÖRUNG**
- **GEDANKENBEEINFLUSSUNG**
- **WAHNWAHRNEHMUNG**
- **STIMMENHÖREN IN FORM VON REDE UND GEGENREDE**
- **BEEINFLUSSUNGSERLEBNISSE**

**SYMPTOME ZWEITEN RANGES**

- **WAHNEINFALL**
- **HALLUZINATIONEN**
- **GEFÜHLSVERARMUNG**
- **VERSTIMMUNG**

**GRUNDSYMPTOME** (*Bleuler*)

- **STÖRUNG DER ASSOZIATION**
- **STÖRUNG DER AFFEKTE**
- **AUTISMUS**
- **AMBIVALENZ**

**AKZESSORISCHE SYMPTOME:**

- **HALLUZINATIONEN**
- **WAHN**
- **KATATONIE**

Ⓓ Eine **CYCLOTHYMIE** diagnostiziert man durch die Feststellung einer **KRANKHAFTEN VERSTIMMUNG** mit **PHASENHAFTEM VERLAUF**:

Die **MELANCHOLIE** (*endogene Depression*):

- **GEFÜHL DER GEFÜHLLOSIGKEIT**
- **DENKSTÖRUNGEN**
- **WAHN**
- **MORGENTIEF**

Die **MANIE**

- **GESTEIGERTER ANTRIEB**
- **IDEENFLUCHT**
- **AFFEKTÜBERSCHUSS**

Ⓓ Eine **KÖRPERLICH BEGRÜNDBARE PSYCHOSE** (*exogene Psychose*) macht sich entweder

- in einem **DELIR** bemerkbar
  (*akute Verlaufsform*) oder

- in einer **DEMENZ** und einem **KORSAKOW-SYNDROM**
  (*chronische Verlaufsform*).

☞ Allein eine unbestimmte Angst reicht zur Diagnose einer Psychose nicht aus!

🕮 **siehe Amtsarztfragen PSYCHIATRIE**

**6) Beurteilen Sie beide Aussagen und die Verknüpfung:**

Ein Suicidaler darf nicht ohne seine Einwilligung stationär untergebracht werden,

**weil**

eine Einweisung gegen den eigenen Willen gegen das Recht zur Entfaltung der Persönlichkeit verstößt.

**A)** Beide Aussagen und die Verknüpfung sind richtig.
**B)** Beide Aussagen sind richtig.
**C)** Nur die erste Aussage ist richtig.
**D)** Nur die zweite Aussage ist richtig.
**E)** Keine Aussage ist richtig.

## Antwort:

☒ Lösung Ⓓ

§§ Wenn ein Patient für sich oder für Andere zu einer Gefahr wird, kann er nach dem Unterbringungsgesetz **auch gegen seinen Willen** in einer geschlossenen Abteilung eines psychiatrischen Krankenhauses untergebracht werden.

Ein Patient, der also drauf und dran ist, sich etwas anzutun, und durch nichts von seinem Vorhaben abzubringen ist, **MUSS IN DIE GESCHLOSSENE ANSTALT**.

Diese Unterbringung kann entweder das **KRANKENHAUS** oder das **GESUNDHEITSAMT** rechtsgültig anordnen; jeder Therapeut kann aber einen Patienten mit einem aussagekräftigen **BEGLEITBRIEF** in die Psychiatrie schicken.

☞ Selbstverständlich verstößt eine Unterbringung gegen das Recht auf Selbstbestimmung und eine **zwangsweise** Unterbringung ist immer eine miese Lösung dieses Konflikts.

*Besser wäre es, wenn der Patient selbst die Notwendigkeit einer stationären Behandlung einsieht - denn: die Türen einer geschlossenen Abteilung schließen nach zwei Seiten. Der Patient kann zwar nicht raus, aber das Alltagsgrau und die ganzen verfahrenen Situationen kommen auch nicht rein. Der Patient lebt in der Geschlossenen Abteilung wie auf einer Insel, auf der sich das angeknackste Selbst bestimmt besser regenerieren kann als im Trubel und der Aggressivität des Alltags.*

Falls Ihr Patient aber nicht einsichtig ist, und, was aber gottseidank selten vorkommt, doch auf seiner aggressiven Handlung besteht, müssen Sie, wenn alle Stricke reißen, den Patienten von der **POLIZEI** in die **PSYCHIATRIE** bringen lassen.

§§ **Sie sind dazu im Rahmen Ihrer Sorgfaltspflicht verpflichtet.**

**7) Nennen Sie 5 häufige Wahninhalte!**

akkust. Hallos
taktile
visuelle
auditive
olfakt. (riechen/Gas)
gustat. (schmecken)

**Antwort:**

☒ Sensitiver Beziehungswahn, Querulantenwahn, Eifersuchtswahn, Größenwahn, Nichtigkeitswahn.

Der Wahn steht an der Schwelle von **NEUROSE** und **PSYCHOSE**.

**WAHN als einziges Symptom** (*die Paranoia*) kann noch als Neurose bezeichnet werden - oft sieht es aber so aus, daß der Wahn eine psychotische Episode einleitet.

Als „Wahn" bezeichnet man eine **ABSTRUSE IDEE**, die der Patient **unter allen Umständen** als **WAHR** ansieht und die das Leben des Patienten selbst oder das seiner Umgebung beeinträchtigt. Wissenschaftlich ausgedrückt ...

Der Wahn ist gekennzeichnet durch

- **SUBJEKTIVE GEWISSHEIT**
- **UNKORRIGIERBARKEIT** und **NICHT BEWEISBEDÜRFTIG**;
  *der Wahn stellt so eine Art Offenbarung dar.*
- **UNVERSTEHBARKEIT** (*realistisch unmöglicher Inhalt der Idee*) und
- **KRANKHAFTEN ICH-BEZUG**.

Klinisch unterscheidet man

- den **WAHNEINFALL** (*auch Wahngedanke, Wahnidee*). Wahneinfälle entstehen plötzlich, **ohne adäquaten Sinnesreiz von außen**.
  Der Schizophrene weiß plötzlich, daß er berufen ist - 
- Eine **WAHNSTIMMUNG** (*oder auch Wahnspannung*) geht der eigentlichen Wahnerkrankung voraus - „*es liegt etwas Ungutes in der Luft*".
- Unter einer **WAHNWAHRNEHMUNG** versteht man eine wahnhaft umgedeutete **REALE BEGEBENHEIT**: die schwarze Katze ist mir deshalb über den Weg gelaufen, damit „Mächte" mir mitteilen, daß ich die Prüfung bestehe (*oder auch nicht*).
- Als **WAHNARBEIT** bezeichnet man das Bestreben des Patienten, seine Wahnwahrnehmungen z. B., „realistisch", bzw. überhaupt irgendwie zu erklären. Der Patient strickt sich ein ganzes **WAHNSYSTEM** daraus.

**WAHNTHEMEN** gibt's viele.

- Die häufigste Wahnform stellt der **SENSITIVE BEZIEHUNGSWAHN** dar - die **PARANOIA** im eigentlichen Sinne.
  Der Patient bezieht alle Äußerungen und Naturereignisse auf sich und vermeint aus zufälligen Gegebenheiten Botschaften, die an ihn gerichtet sind, herauszulesen.

*Den sensitive Beziehungswahn können Sie sich in etwa so vorstellen: Sie sehen eine kleine Gruppe Ihrer Bekannten, die sich angeregt unterhält. Als Sie näher kommen, verstummt plötzlich und schlagartig das Gespräch.*
*So wie Sie jetzt, kommt sich der Patient mit sensitivem Beziehungswahn andauernd vor.*

➡ Der sensitive Beziehungswahn kann eine **SCHIZOPHRENIE** einleiten.

- Der **BEEINTRÄCHTIGUNGSWAHN** gehört eigentlich zum Beziehungswahn: der Patient bezieht zufällige Ereignisse auf sich, glaubt aber, man wolle ihm schaden. Hierzu gehört der **VERFOLGUNGSWAHN** und der **VERGIFTUNGSWAHN**.

➡ Auch der Beeinträchtigungswahn kann eine **SCHIZOPHRENIE** einleiten.

- Unter einem **QUERULANTENWAHN** versteht man die Idee, daß die ganze Umwelt (*Familienmitglieder, Nachbarn*) aufgehetzt und/oder bestochen ist, um ihn, den Patienten zu vernichten und zu erledigen.
  Solche Patienten sind **STREITSÜCHTIG**, aber **SEHR VERLETZLICH**, andauernd **BELEIDIGT** und haben natürlich **immer** recht.
  Da eine **WAHNKRANKHEIT** vorliegt, kann man mit dem Patienten nicht diskutieren; in schlimmen Fällen ist der Patient aufgrund seiner Erkrankung **GESCHÄFTSUNFÄHIG**.

- Auch **SCHWERHÖRIGE PATIENTEN** entwickeln oft einen Wahn: der Schwerhörige meint, alle Leute tratschen über ihn, machen abwertende Bemerkungen und alle wollen, daß er zu kurz kommt und ausgeschlossen ist. In extremen Fällen werden sogar **OHRGERÄUSCHE** dahingehend mißdeutet, daß der Patient meint, jemand wolle ihn absichtlich mit diesen Ohrgeräuschen ärgern.

- Bei einem **KLEINHEITSWAHN** oder **NICHTIGKEITSWAHN** fühlt sich der Patient gegenüber der unentrinnbaren Macht des Schicksals verloren. Er kann nichts mehr bewirken, er existiert eigentlich schon gar nicht mehr und, wenn man's genau nimmt, existieren seine Angehörigen auch nur noch zum Schein.

▼ **Ich hoffe, Sie haben erkannt, daß so ein Patient in höchstem Maß suicidgefährdet ist!!**

➡ Der Kleinheitswahn kommt vor bei der **ENDOGENEN DEPRESSION**.

- Der **SCHULDWAHN** oder **VERSÜNDIGUNGSWAHN** tritt ebenfalls bei **ENDOGENER DEPRESSION** auf. Hier meint der Patient, er habe alle Schuld der Welt auf sich geladen -

▼ **und ist damit auch schwer suicidgefährdet!**

- Der **VERARMUNGSWAHN** läßt den Patient glauben, das ganze Geld sei fort (*obwohl dem objektiv nicht so ist*), und er würde hungernd und frierend in der Gosse enden.
  Der Verarmungswahn kommt ebenfalls bei **ENDOGENER DEPRESSION** vor (*auch Suicidgefahr*) und bei **ARTERIOSKLEROSE** - *hier glaubt der Patient, Ihre Rechnung nicht bezahlen zu können.* Da die Arteriosklerose aber zu den **ORGANISCHEN PSYCHOSYNDROMEN** gehört, behandeln Sie solche Patienten sowieso nicht - **der Gesetzgeber hat in Ihrem Sinne also vorgesorgt.**

- Der **GRÖSSENWAHN** klingt zwar erfreulicher, ist es aber für den Patienten in keinster Weise. Zum Größenwahn gehört die Idee, die Welt verbessern zu können, oder von Blauem Blute zu sein (*ev. als Baby bei der Geburt vertauscht worden zu sein*) oder besonders reich zu sein. Wenn man sich so toll wähnt, hat man aber jede Menge Verantwortung und/oder jede Menge Feinde - *also auch kein sehr angenehmes und beschauliches Leben.*

➡ Der Größenwahn kommt vor bei der **SCHIZOPHRENIE**.

- Der **EIFERSUCHTSWAHN** tritt in typischer Weise auf bei **ALKOHOLIKERN**.
  Diese Patienten sind von der Untreue ihrer Ehefrauen absolut überzeugt und führen die albernsten „Beweise" dafür an:

  *„Meine Frau hat ein Verhältnis mit dem behandelnden Arzt,*
  ***weil***
  *beide sagen, ich solle weniger trinken!"*

**8) Welche Aussage/n ist/sind richtig?**

Bei einer hartnäckigen und anhaltenden Schlafstörung ...

**a)** ...... liegt immer eine psychische Ursache zugrunde.
**b)** ...... können Schlafmittel unbedenklich eingesetzt werden.
**c)** ...... sind unbedingt somatische Ursachen abzuklären.
**d)** ...... kann es sich auch um eine psychotische Episode handeln.
**e)** ...... kann es sich auch um eine Medikamentennebenwirkung handeln.

**A)** Alle Aussagen sind richtig.
**B)** Nur Aussagen a und d sind richtig.
**C)** Nur Aussagen b, c und e sind richtig.
**D)** Nur Aussagen a, b und c sind richtig.
**E)** Nur Aussagen c, d und e sind richtig.

**Antwort:**

☒ Lösung Ⓔ

Vermutlich gibt es gerade bei **SCHLAFSTÖRUNGEN** so viele Ursachen wie es Patienten gibt.

ⓐ Man kann also keinesfalls sagen, daß **immer** eine **PSYCHISCHE URSACHE** zugrunde liegt.

ⓑ **SCHLAFMITTEL** soll man erst einsetzen, wenn man der Schlafstörung anders nicht zu Leibe rücken kann. Zu den Schlafmitteln gehören

- **BENZODIAZEPINE**, z. B.
  - **DALMADORM** oder
  - **ROHYPNOL**, sowie
- **BARBITURATE**,
  - z. B. **NEODORM**.

Beide Substanzgruppen verändern die **SCHLAFARCHITEKTUR**, d. h. sie verändern die **TRAUM**- und die **TIEFSCHLAFPHASEN**.

☞ Deshalb kann es beim Absetzen dieser Medikamente zu einer deutlichen **SCHLAFLOSIGKEIT** und/ oder zum auftreten von **ALPTRÄUMEN** kommen.

▼ **Außerdem können Schlafmittel als SUCHTMITTEL mißbraucht werden.**

ⓒ Bei einer Schlafstörung sind selbstverständlich **somatische** Ursachen abzuklären, denken Sie nur an die Schlafstörungen bei

- **HERZINSUFFIZIENZ** (*Herzschwäche*)mit **LUNGENÖDEM**, bei
- **SCHMERZSYNDROMEN** oder bei
- **ARTERIOSKLEROSE** mit dem **GESTÖRTEN SCHLAF-WACH-RHYTHMUS**.

*Es ist nichts peinlicher, als wenn man ein herzbedingtes Lungenödem, das Alpträume verursachen kann, mit einer **Psychotherapie** anstatt mit **herzstärkenden Medikamenten** behandelt!*

ⓓ Auch eine **PSYCHOTISCHE EPISODE**, besonders gerne bei einer **SCHIZOPHRENIE**, kann sich in Schlafstörungen äußern.

☞ Aber selbstverständlich kann sich auch eine **MELANCHOLIE** oder z. B. ein **BEGINNENDES DELIR** mit Schlafstörungen äußern.

ⓔ Manche **MEDIKAMENTE** putschen auf und führen deshalb ebenfalls zu Schlafstörungen. Hierzu gehören z. B.

- **CORTISON** (*Cortison setzt Adrenalin frei*),
- die **PILLE** oder
- **SCHILDDRÜSENHORMONE**.

☞ **Erst wenn alle möglichen äußeren Ursachen diskutiert sind, kann man eine PSYCHOGENE Ursache annehmen.**

Man wird in diesem Fall erst einmal mit **AUTOGENEM TRAINING** oder einer ähnlichen Entspannungsmethode arbeiten und so spät als möglich auf zentral wirksame Stoffe, wie **BALDRIAN**, **HOPFEN**, **MELISSE** etc. ausweichen.

**9)** Bei einem Patienten mit Bewußtseinstrübung treten optische Halluzinationen auf.

Dieses psychopathologische Bild kann vorkommen bei ...

**a)** ...... eitriger Meningitis
**b)** ...... Hirnkontusion
**c)** ...... Medikamentendelir
**d)** ...... Alkoholdelir

**A)** Alle Aussagen sind richtig.
**B)** Nur Aussagen a, c, und d sind richtig.
**C)** Nur Aussagen a und b sind richtig,
**D)** Nur Aussagen c und d sind richtig.
**E)** Nur Aussage d ist richtig.

**Antwort:**

☒ Lösung Ⓐ

Unter **HALLUZINATIONEN** versteht man **WAHRNEHMUNGEN**, die **OHNE ÄUSSEREN SINNES-REIZ** entstehen.

💡 Halluzinationen haben für den Patienten in aller Regel **REALITÄTSCHARAKTER**, doch gibt es fließende Übergänge zu den

➠ **PSEUDOHALLUZINATIONEN**.

Bei den Pseudohalluzinationen **weiß der Patient, daß es sich um Sinnestäuschungen handelt**.

Falls die Ursache der Halluzinationen auf **organischem Gebiet** zu suchen ist, korreliert die Realitätsüberzeugung des Patienten **mit der Schwere des organischen Krankheitsbildes**.

☞ Also: bei einem stark ausgeprägten delirianten Zustand ist der Patient fest von der Realität der Halluzinationen überzeugt; je besser es ihm geht, desto mehr zweifelt er an dem, was er sieht/hört/fühlt etc.

Eine Halluzination ist etwas relativ Unspezifisches: Halluzinationen können sowohl bei sämtlichen **PSYCHOSEN** als auch bei **NEUROSEN** oder beim **WAHN** auftreten. Ganz grob kann man

- **OPTISCHE** Halluzinationen eher ➠ **ORGANISCHEN HIRNSCHÄDEN**,
- **AKUSTISCHE** Halluzinationen eher ➠ der **SCHIZOPHRENIE** zuordnen.

☞ *Aber: keine Regel ohne Ausnahmen!!*

ⓐ Eine **EITRIGE MENINGITIS** (*Hirnhautentzündung*) ist eine unangenehme Erkrankung, die als Komplikation zu einer Gehirnbeteiligung, zu einer **ENCEPHALITIS**, führen kann.
Eine Encephalitis stellt eine akute (*exogene*) Störung der Gehirnfunktion dar; für Sie, als Psychotherapeuten, kann also daraus eine **AKUTE EXOGENE PSYCHOSE** resultieren.

Bei einer akuten, exogenen Psychose, das wissen Sie, steht die **BEWUSSTSEINSSTÖRUNG** im Vordergrund. Die akute Verlaufsform äußert sich entweder in

- einem **DELIR**, in
- einer **VERWIRRTHEIT** (*amentielles Syndrom*) oder in
- einem **DÄMMERZUSTAND**.

*Zum wiederholen: bei der **CHRONISCHEN EXOGENEN PSYCHOSE** steht die **PERSÖNLICHKEITSVERÄNDERUNG** und die **DEMENZ** im Vordergrund; es kann sich ein **KORSAKOW-SYNDROM** daraus entwickeln.*

Nun wieder zu unserem **AKUTEN ORGANISCHEN PSYCHOSYNDROM**, zu unserer **ENCEPHALITIS**:

- die leichteste Form ist das **AMENTIELLE SYNDROM**.
  Hier ist der Patient verwirrt, d. h. im klinischen Sprachgebrauch: **DESORIENTIERT IN BEZUG AUF ORT, ZEIT UND DIE EIGENE PERSON.** Für die Dauer des Zustands besteht Amnesie - der Patient weiß nach seiner Gesundung nichts mehr über diese Zeit.

- Der **DÄMMERZUSTAND** geht auch mit einer Amnesie einher; der Patient ist **teilweise** orientiert und kann sich auf den ersten Blick normal verhalten. Der Kliniker spricht von einem „**scheinbar besonnenen Verhalten**“.

- Und jetzt das **DELIR**: das Delir ist gekennzeichnet durch ...

  - eine **BEWUSSTSEINSTRÜBUNG,**
  - **DESORIENTIERTHEIT,**
  - **ANGST,**
  - **HALLUZINATIONEN,**
  - **PSYCHOMOTORISCHE HYPERAKTIVITÄT** (*Nesteln, Zupfen, etc.*)und
  - Zeichen **VEGETATIVER ENTGLEISUNG** (*starke Körpertemperatur-, Blutdruck- und Pulsschwankungen*).

☞ Hier haben wir also unsere Halluzinationen.

ⓑ Eine **HIRNKONTUSION** stellt ein **SCHÄDEL-HIRN-TRAUMA** dar, bei dem es zu Einblutungen ins Gehirn selbst kommt.

Diese Einblutungen sind im CT/Kernspin sichtbar.

Klinisch kommt es wieder zu einer Bewußtlosigkeit und zu einem akuten organischen Psychosyndrom. *Jetzt kennen Sie sich wieder aus:* es kann das **AMENTIELLE SYNDROM**, ein **DÄMMERZUSTAND** und ein **DELIR** (*mit Halluzinationen*) draus resultieren.

ⓒ Bei einem **MEDIKAMENTENDELIR** ist die Antwort eigentlich schon in der Frage vorweggenommen: ein Delir geht nun mal mit Halluzinationen einher.

ⓓ Beim **ALKOHOLDELIR** wird's schon fast langweilig: wieder unser Delir mit den Halluzinationen.

*Bei der Beantwortung diese Frage mußten Sie nur zwei Dinge wissen:*

① **HALLUZINATIONEN** treten u. a. auch beim Delir auf.

② Ein **DELIR** tritt bei einer **akuten exogenen Psychose**, einem **akuten organischen Psychosyndrom** auf.

**10) Welche Aussage/n ist/sind richtig?**

Zu den psychischen Störungen beim Korsakow-Syndrom gehört/gehören:

**a)** Desorientiertheit
**b)** Merkschwäche
**c)** Konfabulationen

**A)** Nur Aussagen b und c sind richtig.
**B)** Nur Aussagen a und b sind richtig.
**C)** Nur Aussage a ist richtig.
**D)** Nur Aussage c ist richtig.
**E)** Alle Aussagen sind richtig.

**Antwort:**

☒ Lösung Ⓔ

Jetzt sind wir bei der chronischen Verlaufsform eines organischen Psychosyndroms.
Ein organisches Psychosyndrom ist in der Regel irreversibel.

Ein **ORGANISCHES PSYCHOSYNDROM** äußert sich in

- **PERSÖNLICHKEITSVERÄNDERUNGEN** (*organische Wesensänderung*) mit **STÖRUNG**
  - des **ANTRIEBS**,
  - der **STIMMUNG** und
  - der **KRITIK**

und/oder

- in einer **DEMENZ** (*Intelligenzabbau*).

Unter einem **KORSAKOW-SYNDROM** versteht man die Kombination:

- **DESORIENTIERTHEIT**
- **MERKFÄHIGKEITSSTÖRUNGEN** und
- **KONFABULATIONEN**.

Das Korsakow-Syndrom tritt gerne im Zusammenhang mit einer **ALKOHOLISCHEN EXOGENEN PSYCHOSE** auf und läßt sich oft von der **ALKOHOLISCHEN DEMENZ** nicht so genau abgrenzen.

⊙ Die **MERKFÄHIGKEITSSTÖRUNG** entspricht der üblichen **GEDÄCHTNISSTÖRUNG** der Psychoorganiker: das Altgedächtnis bleibt noch lange erhalten, während der Patient sich neue, aktuelle Dinge nicht mehr merken kann. *Deshalb fragen Korsakow-Patienten z. B. immer wieder das Gleiche.*
Je gravierender die Erkrankung ist, desto mehr verblaßt die Erinnerung aktuellerer Gegebenheiten; der Patient verliert quasi nach rückwärts immer mehr Gedächtnisinhalte und kann sich in schlimmen Fällen nur noch an Dinge aus seiner Kindheit erinnern.

○ Typisch für das Korsakow-Syndrom ist es auch, daß die Erinnerungslücken durch **KONFABULATIONEN** (*Phantasie-Erzählungen*) ausgefüllt werden.
☞ *Bemerkenswerterweise vergessen die Patienten diese Konfabulationen weniger rasch als tatsächliche Gegebenheiten.*

○ Die **DESORIENTIERTHEIT** betrifft in der Hauptsache die **ORIENTIERUNG IN ORT UND ZEIT**. Sie wissen zwar nicht in welcher Stadt und in welcher Straße sie sich befinden, kommen aber in ihrer gewohnten Umgebung halbwegs klar.

*Da die Patienten ihren Defekt selbst nicht bemerken, bewegen sie sich auch ganz sorglos und machen keinen ratlosen, hilfsbedürftigen Eindruck.*

**11) Welche Aussage/n ist/sind richtig?**

Zu den Symptomen eines Delirs gehören:

**a)** optische Halluzinationen
**b)** Bewußtlosigkeit
**c)** grobschlägiger Tremor
**d)** Schwitzen

**A)** Alle Aussagen sind richtig.
**B)** Nur Aussagen a, c und d sind richtig.
**C)** Nur Aussagen a, b und c sind richtig.
**D)** Nur Aussagen a und b sind richtig.
**E)** Nur Aussage a ist richtig.

## Antwort:

☒ Lösung Ⓑ

*Die Symptome eines Delirs sollte man schon im Schlaf runterbeten können.*
*Hierzu gehören:*

- **BEWUSSTSEINSTRÜBUNG**.

Bitte unterscheiden sie zwischen

ⓑ ⊙ **BEWUSSTLOSIGKEIT** und
● **BEWUSSTSEINSTRÜBUNG**.

⊙ Bei einer **Bewußtlosigkeit** liegt der Patient im Bett/auf dem Boden und ist **NICHT MEHR ANSPRECHBAR**. Selbst auf stärkere Reize hin (*Zwicken auf der Innenseite des Oberarms*) erhält man keine Reaktion.
*Eine solche Bewußtlosigkeit stellt eine Insuffizienz der Hirnrinde dar und fällt in das Gebiet der* ***NOTFALLMEDIZIN****, bzw. der Neurologie. Einen bewußtlosen Patienten lagert man (bei erhaltener Atem- und Herztätigkeit) in der stabilen Seitenlage und ruft schleunigst den* ***NOTARZT****.*

● Von einer **BEWUSSTSEINSTRÜBUNG** spricht man, wenn man vom Patienten **keine adäquate Reaktion** auf Ansprechen z. B. hin erhält. Ein Bewußtseinsgetrübter gibt Ihnen keine **vernünftige** Antwort, wenn Sie ihn z. B. fragen, wie es ihm geht - er hört nicht zu und/oder redet pausenlos (*psychiatrisch auffälligen*) Blödsinn.

- **DESORIENTIERTHEIT**.

Deliriante Patienten weisen einen **VERMINDERTEN REALITÄTSBEZUG** auf; sie sind zeitlich, örtlich und zur Person nicht orientiert.

- **PSYCHOMOTORISCHE STÖRUNGEN.**

Die Patienten können

- ⊙ einen **MANGEL AN PSYCHOMOTORISCHEN ÄUSSERUNGEN** oder
- ⊙ eine **ÜBERSCHIESSENDE PSYCHOMOTORISCHE AKTIVITÄT** (*oft ein Rededrang*) aufweisen.
- ⊙ Weiterhin **NESTELN** die Patienten oft **AN IRGEND ETWAS HERUM** oder sie **SUCHEN BESTÄNDIG NACH IRGENDWAS** - *sie räumen z. B. ständig das Nachtkästchen ein und aus.*

- **HALLUZINATIONEN.**

ⓐ Zum Delir gehören **OPTISCHE HALLUZINATIONEN**. Diese Halluzinationen stellen oft **SZENISCHE ABLÄUFE** dar. Speziell im Fall des Alkoholdelirs sehen die Patienten **KLEINE, DURCHSICHTIGE, BEWEGTE GEGENSTÄNDE** - *die berühmten „**weißen Mäuse**".*

- Beim Delir treten auch **EMOTIONALE STÖRUNGEN** auf:

  - ○ **ÄNGSTE,**
  - ○ **REIZBARKEIT,**
  - ○ **DEPRESSION.**

  Es kann sich auch
  - ○ **EUPHORIE** oder
  - ○ **APATHIE** bemerkbar machen.

Die Patienten im Delir sind besonders **SCHRECKHAFT**.

- Weiterhin treten **STÖRUNGEN DES SCHLAF-WACH-RHYTHMUS** auf.

Störungen der „endogenen Uhr" weisen allgemein auf eine **organische** Ursache eines auffälligen Verhaltens hin - *denken Sie nur an den typischen Arteriosklerotiker, der immer nachts im Haus herumgeistert und sich tagsüber beschwert, daß man ihn nicht schlafen läßt*!

☞ Deliriante Patienten leiden also unter einer (*nächtlichen*) **SCHLAFLOSIGKEIT** und einer **BENOMMENHEIT** während des Tages. Wenn sie nachts schlafen, treten gerne **ALPTRÄUME** auf, deren Inhalte sich als **SINNESTÄUSCHUNGEN** bis in den Tag hinein bemerkbar machen.

- Das wichtigste für Sie sind jedoch die Zeichen **VEGETATIVER ENTGLEISUNG**.

Die vegetative Entgleisung stellt die **TODESURSACHE** dar, wenn der Patient im Delir verstirbt!

Die Patienten

ⓒ
- weisen einen **GROBSCHLÄGIGEN TREMOR** (*Zittern*) auf,

ⓓ
- **SCHWITZEN STARK** und
- haben meistens ein **AUFFALLEND ROTES GESICHT**.

Die Regelung der **KÖRPERTEMPERATUR**, des **BLUTDRUCKS** und der **PULSFREQUENZ** kann versagen.

**Deshalb muß ein delirianter Patient immer auf die INTENSIVSTATION! Ein Delir ist eine lebensbedrohliche Sache!**

Delirien sind Zeichen einer **AKUTEN EXOGENEN PSYCHOSE**.

- Sie können **AUSHEILEN** (*Dauer des Delirs einige wenige Tage*) oder
- sie können sich zu einem **KOMA** (*Nichtansprechbarkeit des Patienten*) verschlimmern.
- Ein Delir kann bei längerem Bestehen aber auch in eine **KORSAKOW-PSYCHOSE** übergehen.

**siehe Frage # 10**

**12) Welche Aussage/n ist/sind richtig?**

Ein psychotischer Patient in begleitender Psychotherapie erleidet eine akute psychotische Episode.

**a)** Sie veranlassen einen sofortiger Therapieabbruch und Rücküberweisung zum Nervenarzt.

**b)** Sie veranlassen eine sofortige stationäre Aufnahme.

**c)** Sie veranlassen eine Abstimmung mit dem behandelnden Arzt über die Art der Krisenintervention.

**d)** Ein mitauslösender Faktor kann ein compliance-Problem verordneter Medikamente sein.

**A)** Alle Aussagen sind richtig.
**B)** Nur Aussagen c und d sind richtig.
**C)** Nur Aussagen a, b, und c sind richtig.
**D)** Nur Aussagen a und b sind richtig.

**Antwort:**

☒ Lösung Ⓑ

**PSYCHOTISCHE PATIENTEN** zu behandeln ist immer eine riskante Sache, auch wenn Ihre Psychotherapie nur **begleitender** Natur ist.

Ein Psychotiker ist ja dadurch definiert, „ *...daß seine emotionalen und/oder rationalen Strukturen so stark gestört sind, daß sein Verhalten nicht nachzuvollziehen ist.*“

Zum Wiederholen: zu den **PSYCHOSEN** zählen:

- die **ORGANISCH BEGRÜNDBAREN PSYCHOSEN** mit den Symptomen
    - **Bewußtseinsstörung,**
    - **Delir,**
    - **Demenz** und
    - der **organischen Wesensänderung**.

- die **CYCLOTHYMIE** mit den
    - **pathologischen Verstimmungszuständen** (*Manie, Depression*) und

- die **SCHIZOPHRENIE** mit ihren
    - **Denkstörungen**.

*Ich denke, die Erfolgsaussichten, die ein Psychotherapeut bei solchen Syndromen hat, sind von vorne herein begrenzt - Ihr therapeutischer Schwerpunkt ist eher bei den **Neurotikern** (ohne hirnorganischen Befund) zu sehen.*

Ein psychotischer Mensch ist ein schwer kranker Mensch. Gerade bei einem psychotischen Schub braucht der Patient jeder Hilfe, die er kriegen kann.

Es ist daher ungünstig, wenn Sie den Patienten ohne dringenden Grund, wie **EIGEN- ODER FREMDGEFÄHRDUNG**, quasi weit von sich weisen und ihn entweder

ⓐ
- zum Arzt zurückschicken (*a*) oder

ⓑ
- ihn in eine psychiatrische Anstalt schicken (*b*).

☞ **Wenn irgend möglich, sollte man die Psychotherapie nicht unterbrechen.**

ⓒ Sie müssen sich natürlich sofort mit dem **BEHANDELNDEN ARZT** kurzschließen und eine **gemeinsame Behandlungsstrategie** aushecken. Wenn Sie gemeinsam beschließen, daß der Patient wohl jetzt besser in einer psychiatrischen Station untergebracht ist - in Ordnung - *aber das entscheidet in der Hauptsache derjenige, der den Hauptteil der Verantwortung übernimmt und das ist nicht derjenige, der die* ***begleitende*** *Psychotherapie ausführt!*

ⓓ Paradoxerweise können **PSYCHOPHARMAKA** Psychosen induzieren, bzw. das Auftreten von Psychosen begünstigen. Auch das ist ein guter Grund, weshalb Sie sich zuerst mit dem behandelnden Arzt kurzschließen - *man muß hier in erster Linie die* ***Medikamentierung*** *überprüfen und gegebenenfalls ändern.*

Beispiele:

- **NEUROLEPTIKA**, die man bei der Schizophrenie einsetzt, können
  - ➠ **Unruhezustände** und
  - ➠ **depressive Verstimmungen** hervorrufen.

- **ANTIDEPRESSIVA** können
  - ➠ **Unruhezustände,**
  - ➠ **Schlafstörungen,**
  - ➠ **Müdigkeit** und
  - ➠ **Bewegungsstörungen** verursachen.

- **BERUHIGUNGSMITTEL** können
  - ➠ **Kopfschmerzen,**
  - ➠ **Erregungszustände** und
  - ➠ **depressive Verstimmungen** provozieren.

**13) Welche Aussage ist falsch?**

**A)** Zwangskrankheiten ohne deutliche depressive Komponente verlaufen meist chronisch.

**B)** Ein Zwang ist als eigener Impuls oder Gedanke erkennbar.

**C)** Die Ausführung einer Zwangshandlung wird als nachhaltige Erleichterung oder Belohnung erlebt.

**D)** Die meisten Zwangsrituale beziehen sich auf das Bedürfnis nach Reinlichkeit, Ordnung und Kontrolle.

**E)** Zwänge im Rahmen psychotischer Episoden sind diagnostisch in erster Linie der Psychose zuzuordnen.

**Antwort:**

☒ Lösung Ⓒ

Von einem **ZWANG** spricht man, „ ... wenn sich Gedanken oder Handlungsimpulse immer wieder aufdrängen, obwohl der Patient die Unsinnigkeit dieser Gedanken und Impulse erkennt und einsieht."

Ⓑ Im Gegensatz zu den **DENKSTÖRUNGEN** bei der **SCHIZOPHRENIE** erkennt der Patient aber die Gedanken als seine eigenen.

Zwangsvorstellung werden von der Idee bestimmt, daß **ANDEREN** etwas zustoßen könnte: z. B. daß, wenn der Patient das Bügeleisen oder den Herd nicht ausgeschaltet hat, das Haus abbrennt und dabei das Kind des Patienten stirbt.

☞ Der Zwangsneurotiker hat also **PATHOLOGISCHE SCHULDGEFÜHLE**.

Ⓓ **ZWANGSHANDLUNGEN** beziehen sich gerne auf Themen wie „**SCHMUTZ**" und „**ORDNUNG**". Es gibt z. B. einen

- **WASCHZWANG**, einen
- **KONTROLLZWANG**, einen
- **ZÄHLZWANG** oder einen
- **PUTZZWANG**.

Werden Zwangshandlungen nicht ausgeführt, resultiert **UNERTRÄGLICHE ANGST**. Aber auch wenn die Zwangshandlungen (*Zwangsrituale*) ausgeführt werden, bleibt immer ein Zweifel bestehen, ob man auch alles richtig gemacht hat, und so kontrolliert man zum 25. Mal, ob man das Bügeleisen auch wirklich ausgeschaltet hat.

Ⓒ Eine Zwangshandlung wird also **nicht** als Erleichterung oder gar als Belohnung erlebt.

Ⓔ Ein Zwang ist etwas **Unspezifisches**, d. h. eine Zwangssymptomatik weist **NICHT** auf bestimmte Krankheiten hin. Zwänge können bei

- **ERSCHÖPFUNGSZUSTÄNDEN** oder im Rahmen einer
- **NEUROSE** auftreten (*Anankasmus*),
- bei **PSYCHOPATHIEN** (*anankastische Persönlichkeit*) aber auch
- im Gefolge von **PSYCHOSEN** erscheinen.

Wenn ein Patient z. B. eine organische Psychose bei **MULTIPLER SKLEROSE** oder nach einer **ENCEPHALITIS** (*Gehirnentzündung*) aufweist, sind die **zusätzlich** auftretenden Zwangssymptome natürlich den Symptomen der Psychose **unterzuordnen**.

Ⓐ Die **PROGNOSE** bei den Zwangsneurosen ist allgemein ungünstig. 75 % der Fälle chronifizieren. Zusätzlich besteht eine **TENDENZ ZUR GENERALISIERUNG**, d. h. der Zwang breitet sich auf andere Gebiete aus und kann im Extremstadium wirklich das ganze Handeln eines Menschen bestimmen.

Zwänge treten oft bei einer **ENDOGENEN DEPRESSION** auf. Da diese depressiven Phasen aber endlich sind, chronifiziert hier die Zwangssymptomatik nicht, sondern verschwindet wieder mit der Normalisierung der Stimmungslage.

**14) Welche Aussage ist richtig?**

Bei den folgenden Methoden handelt es sich um stützende Verfahren:

**A)** Psychoanalyse
**B)** Verhaltenstherapie
**C)** Hypnose
**D)** Suggestionsverfahren
**E)** Aussagen A und B sind richtig.

**Antwort:**

☒ Lösung Ⓒ

In der **PSYCHOTHERAPIE** unterscheidet man 3 prinzipiell verschiedene methodische Ansätze:

① Einsicht vermittelnde Verfahren
② umerziehende Verfahren
③ stützende Verfahren.

① Zu den „**EINSICHT VERMITTELNDEN VERFAHREN**" gehört die

Ⓐ ● **PSYCHOANALYSE**.

Im Laufe der Analyse lernt der Patient zu begreifen, warum er verschiedene Verhaltensweisen an den Tag legt.

② Die **UMERZIEHENDEN, DIREKTIVEN VERFAHREN** sind im wesentlichen durch die

Ⓑ ● **VERHALTENSTHERAPIEN** vertreten.

Der Patient lernt hier, wie auf der Schulbank, neues, adäquateres Verhalten und (*positivere*) Gedankenstrukturen. Die Verhaltenstherapien stützen sich auf die Konzepte der **LERNTHEORIEN**.

Ⓓ Hierzu gehören auch **SUGGESTIONEN**, die unterschwellig Verhalten ändern können.

③ Zu den **STÜTZENDEN VERFAHREN** gehört klassischerweise die **KLIENTZENTRIERTE GESPRÄCHSPSYCHOTHERAPIE NACH ROGERS**.

Die Psychotherapie nach Rogers geht vom humanistischen Standpunkt aus, daß jeder Mensch „gut" sei. Diese Therapie versucht den Mensch in seinem Inneren zu bestätigen und es ihm so zu ermöglichen, „ ... *der zu werden, der er ist*". Der Patient lernt, seine eigenen Gefühle wahrzunehmen und sie zu akzeptieren.

Ⓒ Auch eine **HYPNOSE**, besonders eine sog. Leerhypnose (*ohne Suggestionen*), führt den Menschen auf sich selbst zurück. Im entspannten Zustand kann er sein Innerstes eher wahrnehmen und akzeptieren.

Zu den stützenden Verfahren zählen ebenfalls alle **ENTSPANNUNGSVERFAHREN**, wie das **AUTOGENE TRAINING**, die **PROGRESSIVE RELAXATION** (*Jacobson*) etc.

**15) Welche Aussage/n ist/sind richtig?**

Zur Therapie von Depressionen sind geeignet:

**a)** Antidepressiva
**b)** Neuroleptika
**c)** Suchttherapie
**d)** Schlafentzug
**e)** schlaffördernde Maßnahmen

**A)** Nur Aussagen a, b und c sind richtig.
**B)** Nur Aussagen a, c und d sind richtig.
**C)** Nur Aussagen a, d und e sind richtig.
**D)** Nur Aussagen a und d sind richtig.

## Antwort:

☒ Lösung Ⓓ

Was die Medikamente (*Psychopharmaka*) angeht, brauchen Sie sich eigentlich nicht viel zu merken.

Sie sollten wissen, daß die Medikamente selbst auch eine Psychose auslösen können und Sie sollten wissen, daß man eine

- **SCHIZOPHRENIE** mit

ⓑ ➠ **NEUROLEPTIKA** und

- eine **DEPRESSION** eben mit

ⓐ ➠ **ANTIDEPRESSIVA** behandelt.

ⓒ Eine **SUCHTTHERAPIE** ist (*wie der Name schon sagt*) zur Behandlung von Süchten aller Art geeignet.

Bei der Suchttherapie unterscheidet man 4 Phasen:

① die **KONTAKTPHASE.**
Ziel in der Kontaktphase ist es, den Patienten genügend zu **motivieren**.

② Die **ENTGIFTUNGSPHASE**.
In der Entgiftungsphase (*Entzugsphase*) geht es darum, daß man den Zustand der dauernden **Intoxikation**, in dem sich der Patient befindet, zu **beenden**.
☞ **Der Entzug wird am besten in einer Klinik durchgeführt.**

③ Die **ENTWÖHNUNGSPHASE**.
Hier strebt man eine **psychosoziale Stabilisierung** an: der Patient muß sich angewöhnen, ohne die Droge zu leben. Diese Phase ist die Schwierigste: meistens muß das **ganze soziale Umfeld** (*Partner, Freunde, Freizeitgestaltung*) **umstrukturiert** werden. Diese Phase dauert mindestens ein halbes Jahr und wird in Spezialkliniken durchgeführt.

④ Die **NACHSORGEPHASE**.
Hier soll dafür gesorgt werden, daß der Patient nicht mehr rückfällig wird - *eine schwierige Aufgabe.* Neben einer **psychotherapeutischen Beratung** kommen hier auch die **Selbsthilfegruppen** (*Anonyme Alkoholiker, Blaues Kreuz etc.*) zum Einsatz.

ⓓ Bei jeder Form der **DEPRESSION** ist ein **SCHLAFENTZUG** eine geeignete Maßnahmen, um den Verstimmungen zu begegnen.

☞ **Wichtig aber:** Die **SCHLAFENTZUGSTHERAPIE** oder auch die **LICHTTHERAPIE** sind bei **ENDOGENEN DEPRESSIONEN** (*die der naturheilkundliche Psychotherapeut sowieso maximal* ***begleitend*** *behandelt*!) alleine **nicht genügend wirksam**.

**Bei allen Psychosen kann auf eine PHARMAKOTHERAPIE nicht verzichtet werden; denken Sie an die SUICIDGEFAHR!**

Bei der **SCHLAFENTZUGSTHERAPIE** geht es in erster Linie um den Entzug des **REM-SCHLAFS** (*des Traum-Schlafs*). Da der REM-Schlaf vornehmlich in der **2. HÄLFTE DER NACHT** ausgeprägt ist, genügt auch ein Schlafentzug in der 2. Nachthälfte. Die meisten Patienten verspüren danach (*am Morgen der folgenden, normal durchschlafenen Nacht*) eine deutliche Besserung der Verstimmung. Der Effekt hält unterschiedlich lang an; man kann den Schlafentzug aber 1 x pro Woche wiederholen.

Eine zweite adjuvante Therapie, die bei Depressionen wirksam ist, ist die **LICHTTHERAPIE**. Die Patienten werden 2x pro Tag vor eine helle Lichtwand gesetzt; mit der **LICHTEXPOSITION** verbessert sich auch die Stimmung. Die Lichttherapie ist besonders wirksam bei den sog. **HERBSTDEPRESSIONEN**, die sich einstellen, wenn die Tage kürzer und trüber werden. Die besten „Bestrahlungszeiten" sind morgens, nach dem Aufstehen (*6.00 Uhr*) und abends kurz vor dem Schlafengehen (*21.00 Uhr*). Die „Bestrahlungsdauer" sollte circa 2 Stunden betragen. Das Licht sollte in seiner spektralen Zusammensetzung dem natürlichen Sonnenlicht möglichst ähnlich sein.

ⓔ **SCHLAFFÖRDERNDE MASSNAHMEN** sind bei **SCHLAFLOSIGKEIT** indiziert, **sobald sichergestellt ist, daß der Schlaflosigkeit keine organischen Ursachen zugrunde liegen, oder daß die Schlaflosigkeit eine psychotische Episode einleitet (*sekundäre Schlaflosigkeit*).**

*Es ist immer wichtig, eine genaue Anamnese zu machen, bevor man sich auf ein Symptom stürzt! In der Prüfung, auf die Sie sich vorbereiten, sollen Sie ja beweisen, daß Sie die nötigen Kenntnisse haben.*

*Fallen Ihnen auf Anhieb 5 Ursachen für eine sekundäre Schlaflosigkeit ein?*

*Wie wäre es mit:*

- *Fieber,*
- *Apnoe-Phasen (Atemstillstandsphasen),*
- *Schmerzsyndrome,*
- *Schichtarbeit,*
- *Psychosen*
  *(Depressionen, Manien, Schizophrenien, sowie akute und chronische organische Psychosen),*
- *Coffeinabusus oder andere Aufputschmittel (auch Appetitzügler),*
- *Alkohol oder Tranquilizereinnahme.*

*Alles klar?*

**16) Welche Aussage ist falsch?**

Folgende Symptome sind typisch für die Morphinabhängigkeit

**A)** Pupillenverengung
**B)** Appetitlosigkeit
**C)** Durchfall
**D)** Nachlassen der Libido
**E)** Abmagerung

## Antwort:

☒ Lösung ©

MORPHIN gehört zu den **OPIATEN** und wird therapeutisch als starkes **SCHMERZMITTEL** eingesetzt.

Alle Opiate führen rasch zu einer **PSYCHISCHEN** und **PHYSISCHEN ABHÄNGIGKEIT**; bei **HEROIN** kann es bereits bei der 2. Injektion zu spät sein.

Die **SUCHTPOTENZ** ist hauptsächlich mit der **EUPHORISIERENDEN WIRKUNG** zu erklären, die kurz nach der Injektion des Mittels zu beobachten ist. Danach ist der Patient für etliche Stunden *„bemerkenswert ausgeglichen"*, ansonsten aber nicht besonders auffällig.

Eine **CHRONISCHE MORPHININTOXIKATION** (*Morphinismus*) ist von einem **ERHÖHTEN PARASYMPATHICUSTONUS** geprägt:

- **BLUTDRUCKABFALL MIT VERLANGSAMTEM HERZSCHLAG**
- ⓐ **ENGE PUPILLEN** (*Miosis*)
- **MÜDIGKEIT MIT SCHLAFSTÖRUNGEN**
- **FRÖSTELN**
- ⓑ **APPETITLOSIGKEIT**
- ⓔ **GEWICHTSVERLUST** bis hin zur **KACHEXIE**
- **OBSTIPATION**
- ⓓ **VERLUST DER LIBIDO** und der **POTENZ**
- **TROCKENE HAUT** mit **HAARAUSFALL**
- **LEISTUNGSABFALL, FEHLENDER ANTRIEB**
- **STIMMUNGSSCHWANKUNGEN**
- **ATEMDEPRESSION** (*verminderte Atmung*).

☞ Die Patienten vernachlässigen sich und bald steht nur noch die Beschaffung der Droge im Mittelpunkt ihres Denkens.

**ABSTINENZERSCHEINUNGEN** treten sehr rasch, bereits 8 Stunden nach Beendigung des Rausches auf und erreichen innerhalb von ca. 2 Tagen ihre maximale Ausprägung.

Die Abstinenzerscheinungen sind durch einen **ERHÖHTEN SYMPATHICUSTONUS** gekennzeichnet:

- **KRISENHAFTER BLUTDRUCKANSTIEG** mit **KREISLAUFDEKOMPENSATION**
- **SCHWEISSAUSBRÜCHE**
- **NIESEN, GÄHNEN, TRÄNENFLUSS**
- **DURCHFALL, ERBRECHEN, BAUCHSCHMERZEN**
- **MUSKELKRÄMPFE**
- **UNRUHE, ANGST**, auch **SUICIDIMPULSE**

©

***Sie sehen, Morphinsüchtige sind allesamt KÖRPERLICH SCHWER KRANK und gehören in eine KLINIK!***

**17) Beurteilen Sie beide Aussagen und die Verknüpfung**

Paranoide Patienten stehen unter einem großen Leidensdruck

**und**

sind deshalb sehr kooperativ.

**A)** Beide Aussagen und die Verknüpfung sind richtig.
**B)** Beide Aussagen sind richtig.
**C)** Nur die erste Aussage ist richtig.
**D)** Nur die zweite Aussage ist richtig.
**E)** Keine Aussage ist richtig.

**Antwort:**

☒ Lösung ©

☼ Paranoide Patienten leiden unter **WAHNVORSTELLUNGEN**;

☞ die Paranoia ist die klassische Ver-rücktheit.

Unter einer **PARANOIA** versteht man eine „verständliche Reaktionsform von Patienten (die dazu disponiert sind), aufgrund innerer und äußerer Reize".

Die Patienten entwickeln (*chronisch - d. h. langsam*) ein **WAHNSYSTEM**, das aber die Integration der Persönlichkeit **nicht** beeinträchtigt. Die Paranoia gehört damit noch nicht zum **SCHIZOPHRENEN FORMENKREIS**; sie kann aber eine Schizophrenie einleiten.

**Also:**

☞ falls ein Patient außer seinem Wahn keine weiteren auffälligen Zeichen aufweist, spricht man von einer **PARANOIA**,

☼ falls noch andere Zeichen (*Gedankeneingebung, akustische Halluzinationen in Form von Rede und Gegenrede, Gedankenzerfahrenheit etc.*) vorkommen, sind wir bereits bei der **SCHIZOPHRENIE**.

**PSYCHOPATHOLOGISCH** handelt es sich um eine **PROJEKTION VERDRÄNGTER TRIEBIMPULSE** nach außen; der **WAHNINHALT** entspricht dem **VERDRÄNGTEN TRIEBIMPULS.** Man vermutet aber, daß man eine genetische Disposition oder zumindest eine frühkindliche Entwicklungsstörung mitbringen muß, damit sich ein manifester Wahn entwickelt.

*Ein Patient ist z. B. der Meinung, er habe irgendwann etwas Schlimmes getan. Im Rahmen seines Wahns weiß/befürchtet/vermutet er, daß den Personen, die ihm umgeben, die „schreckliche Wahrheit" bekannt ist, und daß sie ihn deswegen verachten, in Mißkredit bringen, oder ihm sonstigen Schaden zufügen wollen.*

Ein Paranoiker trägt seine **ÄNGSTE** und Befürchtungen lange Jahre unbemerkt mit sich herum; oft wird er erst auffällig, wenn der Wahn so stark geworden ist, daß es zu **HASS**, **ANGRIFF** oder **MORD** (*„ehrbarer Familienvater als Amokläufer"*) oder zu **SELBSTMORD** kommt.

Die Patienten stehen also unter einem großen **LEIDENSDRUCK**; leider führt dieser Leidensdruck jedoch nicht dazu, daß er bei einem Therapeuten Hilfe sucht. Je größer der Leidensdruck, um so mehr flüchtet sich der Patient in seinen Wahn, deshalb sind Paranoiker absolut **NICHT KOOPERATIV**.

*Zum Wiederholen: wissen Sie noch die Kriterien des Wahns?*

- subjektive Gewißheit
- krankhafter Ich-Bezug
- unkorrigierbar
- nicht beweisbedürftig
- unverstehbar; unmöglicher Wahninhalt.

**18) Welche Aussage ist richtig:**

Ein Delir erkennt man am ehesten an ...

**A) .....** optischen Halluzinationen, grobschlägigem Tremor, Schwitzen

**B) .....** optischen Halluzinationen, Alkoholgeruch, Schwitzen

**C) .....** Bewußtlosigkeit, grobschlägigem Tremor

**D) .....** optischen Halluzinationen, Bewußtlosigkeit, Alkoholgeruch

## Antwort:

☒ Lösung Ⓐ

*Nun, das Thema „Delir" kommt so oft zur Sprache, daß Sie nach diesem Buch (auch ohne praktische Übung) ein Delir in allen Lebenslagen erkennen.*

☞ **Also:**

Das **DELIR** ist Zeichen einer **AKUTEN EXOGENEN PSYCHOSE**, z. B. einer **ALKOHOL-INTOXIKATION**.

Patienten mit einer akuten exogen begründbaren Psychose sind immer

- **BEWUSSTSEINSGETRÜBT**.

➠ Beim **AMENTIELLEN SYNDROM** steht die

- **VERWIRRTHEIT**, die
- **DESORIENTIERTHEIT** bzgl. der Zeit, des Ortes und der Person im Vordergrund,

➠ beim **DÄMMERZUSTAND** sind die Patienten nur

- **TEILWEISE DESORIENTIERT** und
- **KÖNNEN SCHEINBAR BESONNENE HANDLUNGEN AUSFÜHREN**, an die sie sich aber hinterher nicht mehr erinnern können (*ein Dämmerzustand wäre manchmal eine gute Ausrede, oder?*)

➠ beim **DELIR** treten noch weitere Symptome auf.

▼ **Wichtig ist, daß das Delir LEBENSBEDROHLICH ist**, da hier

- ○ Zeichen einer **VEGETATIVEN DYSREGULATION** auftreten (*Blutdruck-, Pulsschwankungen, Körpertemperaturschwankungen etc.*).

Hierzu gehört auch

Ⓐ
- ⊙ ein **GROBSCHLÄGIGER TREMOR** und
- ⊙ **SCHWEISSAUSBRÜCHE** und
- ⊙ **STÖRUNGEN DES SCHLAF-WACH-RHYTHMUS**.

Weiterhin treten

Ⓐ
- ⊙ **OPTISCHE HALLUZINATIONEN** auf; *im Fall des Alkoholdelirs sehen die Patienten kleine, durchsichtige, bewegte Gegenstände in szenischer Anordnung.*
- ⊙ **UNRUHE, ANGST**
- ⊙ **PSYCHOMOTORISCHE UNRUHE** (*Nesteln, Zupfen, (sinnloses) Herumräumen von Gegenständen*);
- ⊙ **ILLUSIONEN** gehören auch dazu.

Ⓑ Der **ALKOHOLGERUCH** alleine weist noch nicht auf ein Delir hin; zumal es Delirien auch aus anderen Gründen heraus gibt.

- **FIEBER**,
- **PSYCHOPHARMAKA- ODER DROGENINTOXIKATION**,
- **STOFFWECHSELENTGLEISUNGEN** etc.

Ⓒ Eine echte **BEWUSSTLOSIGKEIT** ist quasi die Steigerungsform eines Delirs. In der Bewußtlosigkeit ist der Patient **NICHT ANSPRECHBAR** - eine Bewußtlosigkeit gehört zum Koma.

Ein Delir kann entweder ...

- ➠ **AUSHEILEN,**
- ➠ in ein **KOMA** (*Bewußtlosigkeit*) übergehen oder
- ➠ in eine **KORSAKOW-PSYCHOSE** münden.

☞ Man kann hier also nicht mehr von einem Delir sprechen.

Ⓓ **BEWUSSTLOSIGKEIT** und **OPTISCHE HALLUZINATIONEN** widersprechen sind: entweder ein Patient ist bewußtlos oder er berichtet von Dingen, die nicht vorhanden sind.

**19) Welche Aussage/n ist/sind richtig?**

Symptome ersten Ranges bei der Schizophrenie sind

**a)** Gedankenlautwerden
**b)** dialogische und kommentierende Stimmen
**c)** optische Halluzinationen
**d)** Geruchshalluzinationen
**e)** Gedankeneingebung

**A)** Alle Antworten sind richtig.
**B)** Nur Aussagen a, b und e sind richtig.
**C)** Nur Aussagen a, b und d sind richtig.
**D)** Nur Aussagen c und e sind richtig.

**Antwort:**

☒ Lösung Ⓑ

*Endlich mal wieder was Leichtes!*

Die Diagnosekriterien der **SCHIZOPHRENIE** sollten Sie runterbeten können.

Es gibt hierbei die Unterscheidung nach

- **KURT SCHNEIDER** und
- **EUGEN BLEULER.**

Nach **KURT SCHNEIDER** unterscheidet man

- **SYMPTOME ERSTEN RANGES** und
- **SYMPTOME ZWEITEN RANGES**.

**SYMPTOME ERSTEN RANGES:**

- **ICH-STÖRUNGEN,**
  *eigenes seelisches Erleben wird nicht als zur eigenen Person zugehörig erfaßt (von außen gelenkt, beeinflußt etc.)*

ⓐ ⓔ
- **GEDANKENEINGEBUNG, GEDANKENLAUTWERDEN, GEDANKEN-BEEINFLUSSUNG,**
  *Gedanken werden von außen gemacht (die Patienten fühlen sich z. B. hypnotisiert), der Patient hört seine eigenen Gedanken*
- **WAHNWAHRNEHMUNG**
  *Wahrnehmungen (von realen Personen z. B.) werden im Sinnes des Wahns interpretiert*

ⓗ
- **STIMMENHÖREN IN FORM VON REDE UND GEGENREDE**
  *solche akustischen Halluzinationen, bei denen die halluzinierten Stimmen nicht **mit** dem Patienten, sondern **über** ihn sprechen, sind ein starkes Indiz für eine Schizophrenie*
- **BEEINFLUSSUNGSERLEBNISSE**
  *die Patienten fühlen sich bestrahlt, elektrisiert, ungefressen oder auch vergewaltigt.*

**SYMPTOME ZWEITEN RANGES:**

- **WAHNEINFALL**
  *aus dem Nichts entsteht plötzlich z. B. ein Verfolgungswahn*

ⓓ
- **HALLUZINATIONEN**
  *es gehören hierher auch Geruchs- und Geschmackshalluzinationen; die Patienten fühlen sich vergiftet.*
- **GEFÜHLSVERARMUNG**
  *eine Gemütsverödung nennt man auch Athymie*
- **VERSTIMMUNG**
  *u. a. Ambivalenzen, läppisches oder distanzloses Verhalten oder auch inadäquate Affekte.*

Nach **EUGEN BLEULER** unterscheidet man

- **GRUNDSYMPTOME**, die bei schizophrenen Residualzuständen nachweisbar sind, und
- **AKZESSORISCHE SYMPTOME**.

Zu den **GRUNDSYMPTOMEN** gehören

- **STÖRUNG DER ASSOZIATION**
  *Gedankenentzug, Zerfahrenheit, Neologismen und andere formale Denkstörungen*
- **STÖRUNG DER AFFEKTE**
  *Instabilität der Affekte, Ängste, Parathymien (=inadäquate Affekte)*
- **AUTISMUS**
- **AMBIVALENZ**

Zu den **AKZESSORISCHEN SYMPTOMEN** gehören

- **HALLUZINATIONEN**
  *am häufigsten treten bei der Schizophrenie* ***akustische Halluzinationen*** *auf. Sie können sich äußern als:*
  - *dialogische Stimmen (in Form von Rede und Gegenrede)*
  - *kommentierende Stimmen, die die eigenen Handlungen begleiten*
  - *befehlende (imperative) Stimmen*
  - *Gedankenlautwerden: der Patient hört seine eigenen Gedanken.*
- **WAHN**
  *Halluzinationen treten oft mit dem Wahn zusammen auf, wobei die Halluzinationen im Sinne eines Erklärungswahns verarbeitet werden*
- **KATATONIESYMPTOME**
  *bei diesen Störungen der Psychomotorik unterscheidet man*
  - ***psychomotorische Hyperkinesen*** *(Erregungszustände, stereotype Wiederholungen) und*
  - ***psychomotorische Hypokinesen*** *(Stupor (= Stop mitten in der Bewegung), Mutismus (Schweigen) oder die Katalepsie, bei der unbequeme Körperhaltungen unnatürlich lang beibehalten werden).*

ⓒ **OPTISCHE HALLUZINATIONEN** ordnet man meistens der **AKUTEN EXOGENEN PSYCHOSE**, dem **DELIR** zu.

**20) Welche Aussage ist richtig?**

Wodurch unterscheiden sich körperlich begründbare Psychosen von endogenen Psychosen?

Durch ...

**A) .....** das Vorliegen körperlicher Befunde bei körperlich begründbaren Psychosen

**B) .....** die Bewußtseinsstörungen bei körperlich begründbaren Psychosen

**C) .....** das Fehlen von Halluzinationen bei körperlich begründbaren Psychosen

**D) .....** das Fehlen somatischer Befunde bei körperlich begründbaren Psychosen

**E) .....** die erbliche Verursachung der körperlich begründbaren Psychose.

**Antwort:**

☒ Lösung Ⓐ

Ⓐ Nun, **KÖRPERLICH BEGRÜNDBARE PSYCHOSEN** heißen deshalb so, weil sich die psychische Auffälligkeit **KÖRPERLICH BEGRÜNDEN** läßt.

Eine **PSYCHOSE** ist eine **PSYCHISCHE AUFFÄLLIGKEIT**, die mit einer **VERÄNDERUNG DER PERSÖNLICHKEITSSTRUKTUR** einhergeht.

Ein **NEUROTIKER** treibt seinen „**CHARAKTER**" auf die Spitze; sein Verhalten ist **übersteigert**, aber irgendwie **nachvollziehbar**.

Beim Psychotiker ist es ziemlich unmöglich, sich in seine Verstimmungen oder Gedankenstrukturen einzufühlen.

Bei den Psychosen unterscheidet man

- die **ENDOGENEN PSYCHOSEN**:
  - die **SCHIZOPHRENIE** und
  - die **CYCLOTHYMIE** *(mit den Untergruppen: manische und depressive Verstimmung)*

und

- die **KÖRPERLICH BEGRÜNDBAREN PSYCHOSEN**.

💡 Den **KÖRPERLICH BEGRÜNDBAREN PSYCHOSEN** liegt eine **DEFINIERTE HIRNERKRANKUNG** zugrunde - d. h. man kann entweder am CT, Kernspin o. ä. oder im Blut irgendwas Pathologisches nachweisen.

Beispiele:

- M. Alzheimer,
- Arteriosklerose,
- Hirntumor,
- Hirnverletzung,
- Hirnblutung,
- Multiple Sklerose,
- Vergiftungen (*Drogen, Pharmaka, Alkohol*),
- Hypercalciämie (*zuviel Calcium im Blut*),
- dekompensierter Diabetes mellitus (*Zuckerkrankheit*),
- schwere Schilddrüsenüberfunktion,
- AIDS u.v.m.

● Klinisch machen sich die **AKUTEN EXOGENEN PSYCHOSEN** bemerkbar durch

- ein **AMENTIELLES SYNDROM**
- einen **DÄMMERZUSTAND**
- ein **DELIR**.

📖 **siehe Frage # 18**

💡 In diesem Zusammenhang wird manchmal auch von sog. **DURCHGANGSSYNDROMEN** gesprochen.

Hierunter versteht man **PSYCHISCHE AUFFÄLLIGKEITEN** bei akuten exogenen Psychosen, bei denen die Patienten **HALLUZINATIONEN**, **WAHNERLEBNISSE** oder **HYSTERIFORME VERSTIMMUNGSZUSTÄNDE** aufweisen können, **ohne daß das Bewußtsein gestört** ist.

Man kann solche Zustände auch als „**AKUTES KORSAKOW-SYNDROM**" bezeichnen.

Diese Durchgangssyndrome sind aber **ZEITLICH BEGRENZT**; sie stehen quasi am Übergang zwischen Gesundheit und organischem Psychosyndrom: Durchgangssyndrome entstehen entweder wenn sich ein akutes - *körperlich begründbares* - Psychosyndrom **ENTWICKELT** oder wenn es in **ABHEILUNG** begriffen ist.

- Das **CHRONISCHE EXOGENE PSYCHOSYNDROM** macht sich in der Hauptsache durch

  - die **ORGANISCHE WESENSÄNDERUNG** bemerkbar oder durch
  - eine **DEMENZ**.

Unter einer **ORGANISCHEN WESENSÄNDERUNG** versteht man eine **ENTDIFFERENZIERUNG VON PERSÖNLICHKEITSEIGENSCHAFTEN**, d. h. die feinen Nuancen der Persönlichkeitsstruktur **verschwinden**.

Zum anderen treten auch **persönlichkeitsfremde** Züge, wie z. B. Verlust von ethischen Werten, auf. Die Patienten sind meistens

- **REIZBAR** (*Störung der Stimmung*),
- **ANTRIEBSVERMINDERT** und
- weisen eine **VERMINDERTE KRITIKFÄHIGKEIT** auf.

Eine **DEMENZ** ist gekennzeichnet durch einen **INTELLIGENZABBAU** und durch eine **DESORIENTIERTHEIT** (*zumindest bzgl. der Zeit*). Die Patienten weisen **MERKFÄHIGKEITS-STÖRUNGEN** auf und sind, im Vollbild, **VERWIRRT**.

Ⓑ Aus einem organischen Psychosyndrom **kann** sich, je nach zugrundeliegender Ursache, eine **BEWUSSTLOSIGKEIT** entwickeln - z. b. bei einer **STOFFWECHSELSTÖRUNG**

- **ZUCKER**,
- **LEBERKOMA**,
- **NIERENKOMA** etc.

*Gottseidank ist das jedoch nicht zwangsläufig der Fall und kann deshalb auch nicht als Unterscheidungskriterium zu den endogenen Psychosen herangezogen werden.*

Ⓒ **OPTISCHE HALLUZINATIONEN** treten beim **DELIR** auf!
🕮 **siehe Frage # 19**

Ⓓ *Auwei, das war daneben!*

Bei körperlich begründbaren Psychosen sind jede Menge **SOMATISCHE (*KÖRPERLICHE*) BEFUNDE** nachweisbar!

*Überarbeitet?*

Ⓔ *Körperlich begründbare Psychosen, zum dritten Mal, haben ihre Ursachen im **Körper** - daher der Name.*

Eine **ERBLICHE** Mitverursachung gilt bei der

- **SCHIZOPHRENIE**, bei der
- **CYCLOTHYMIE** und bei der
- **PARANOIA** als gesichert.

**21) Beurteilen Sie beide Aussagen und die Verknüpfung!**

Psychische Beschwerden müssen immer auch somatisch abgeklärt werden,

**weil**

organische Erkrankungen die Ursache psychogener Symptome sein können.

**A)** Beide Aussagen und die Verknüpfung sind richtig.
**B)** Beide Aussagen sind richtig.
**C)** Nur die erste Aussage ist richtig.
**D)** Nur die zweite Aussage ist richtig.
**E)** Keine Aussage ist richtig.

## Antwort:

☒ Lösung Ⓐ

*Gerade waren wir beim Thema!*

**Körperliche** Krankheiten können sich sehr wohl in **psychischen** Auffälligkeiten manifestieren.

☞ **Also erwartet man (*zu Recht*) von Ihnen, daß Sie erst mal alle in Frage kommenden körperlichen Krankheiten in Betracht ziehen, bevor Sie mit einer Psychotherapie beginnen.**

**Beispiel:**

▼ *Eine **Herzinsuffizienz** (Herzschwäche) kann auch schon bei Dreißigjährigen auftreten und verursacht im Anfang durch das Lungenödem **Alpträume**. Die **Inhalte** der Alpträume sind durchaus durch die Biographie des Patienten erklärbar, **aber eben nicht die Alpträume selbst**!*

☞ ***Also:** wenn Ihnen irgendwas komisch vorkommt, schicken Sie den Patienten lieber mal zum Gesundheitscheck zum Arzt. Ein Hinweis wäre z. B., daß sich eine Auffälligkeit **plötzlich** eingestellt hat, oder daß das Symptom eigentlich **nicht zum Gesamtbild des Patienten paßt**.*

☞ *Auch ein **HIRNTUMOR** macht psychische Symptome!*

*Hier ist vor allem die Kombination **Kopfweh + psychische Symptome** verdächtig!*

**22) Beurteilen Sie beide Aussagen und die Verknüpfung:**

Auch bei einem jungen Menschen mit anfallsartigem Herzklopfen muß eine EKG-Diagnostik erfolgen,

**weil**

sich dahinter eine internistische Erkrankung verbergen kann.

**A)** Beide Aussagen und die Verknüpfung sind richtig.
**B)** Beide Aussagen sind richtig.
**C)** Nur die erste Aussage ist richtig.
**D)** Nur die zweite Aussage ist richtig.
**E)** Keine Aussage ist richtig.

**Antwort:**

☒ Lösung Ⓐ

Selbstverständlich muß jede **INTERNISTISCHE KRANKHEITSURSACHE** ausgeschlossen sein, bevor man sich zu der Diagnose „**PSYCHOSOMATISCHE ERKRANKUNG**" hinreißen läßt.

Der „*normale*" Herzinfarkt passiert zwar erst mit 40, aber es gibt z. B. eine angeborene Erkrankung, bei der der Cholesterinspiegel von Geburt an zu hoch ist.
☞ **Diese Patienten können mit 30 an einem HERZINFARKT versterben.**

▼ Noch unangenehmer sind die sog. **KARDIOMYOPATHIEN**, bei denen das Herz ab der Pubertät klammheimlich umgebaut wird (*Ursache unbekannt*) - *auch hier kommt es ohne viel Vorwarnung zum* ***akuten Herztod*** *bei jüngeren Männern.*

▼ Eine weitere Möglichkeit ist einfach ein **HERZKLAPPENFEHLER**. Herzklappenfehler können angeboren sein oder werden im zarten Kindesalter erworben. Klinisch bemerkbar machen sie sich zwischen 20 und 50 Jahren.

***Sie sehen, es gibt genug Möglichkeiten für organische Ursachen - erst wenn alle denkbare internistischen Möglichkeiten abgeklärt sind, können Sie loslegen - dann ist's vermutlich wirklich psychosomatisch!***

**23) Welche Aussage/n ist/sind richtig?**

Gangunsicherheiten kommen bei folgenden Erkrankungen vor:

**a)** Gleichgewichtsstörung bei Innenohrkrankheiten
**b)** Hysterische Neurose
**c)** M. Parkinson
**d)** Multiple Sklerose
**e)** Hirntumor
**f)** Hirnkontusion
**g)** Polyneuropathie

**A)** Alle Aussagen sind richtig.
**B)** Nur Aussagen b, c und d sind richtig.
**C)** Nur Aussagen a, b und c sind richtig.
**D)** Nur Aussagen b und d sind richtig.
**E)** Nur Aussagen a und c sind richtig.

## Antwort:

☒ Lösung Ⓐ

Bei solchen Fragen dreht es sich meistens darum, daß Sie nicht vorschnell auf „*Psychosomatik*“ tippen - *es ist nichts peinlicher, als wenn man jahrelang einen Patienten auf Psychosomatik therapiert, dabei liegt eine **organische** Veränderung vor.*

Natürlich können **GANGSTÖRUNGEN** aufgrund einer allgemeinen psychogenen Unsicherheit auftreten - aber vor die Therapie haben die Götter nun mal die **DIAGNOSE** gesetzt und da müssen Sie abwägen, ob es nicht vielleicht doch **ORGANISCHE URSACHEN** geben könnte.

ⓐ **GLEICHGEWICHTSSTÖRUNGEN** beeinflussen das seelische wie das körperliche Gleichgewicht. Aber, Scherz beiseite: im Innenohr liegt das **GLEICHGEWICHTSORGAN**.

Da der Mensch 2 Innenohren hat, hat er auch 2 Gleichgewichtsorgane, die sich normalerweise in ihrer Funktion ergänzen. Beim Ausfall des einen Gleichgewichtsorgans oder bei einer **INNENOHR-SCHÄDIGUNG** (*z. B. M. Menière*) bekommt die gesunde Seite das Übergewicht und der Mensch hat z. B. andauernd das Gefühl, der Körper dreht sich.

Es kommt hier nicht nur zu **GANGUNSICHERHEITEN**, sondern auch zu **VEGETATIVEN ZEICHEN**, wie **ERBRECHEN, ÜBELKEIT** etc.

ⓑ Unter einer **HYSTERIE** versteht man eine **ERLEBNISUNFÄHIGKEIT** bei gleichzeitigem **ERLEBNISHUNGER**.

Die Patienten weisen ein Vielzahl von Symptomen sowohl **körperlicher** als auch **psychischer** Natur auf. Bei allen körperlichen Beschwerden ist jedoch **kein pathologischer organischer Befund** zu erheben. Die somatischen Beschwerden und Symptome haben bei der Hysterie einen **AUSDRUCKSCHARAKTER**.

Meistens handelt es sich um eine **VERDRÄNGUNG SEXUELLER IMPULSE** - hieraus entsteht die klassische **KONVERSIONSNEUROSE**.

- **GANGSTÖRUNGEN** gehören ebenso wie
- **PSYCHOGENE BLINDHEIT,**
- **LÄHMUNG,**
- diverse **SCHMERZSYMPTOMATIKEN** oder auch
- eine **PSEUDODEMENZ** zur

➡ **HYSTERISCHEN NEUROSE.**

Die Hysterie kann im Prinzip **alle organischen Krankheiten** kopieren.

ⓒ Der **M. PARKINSON**, die Schüttellähmung ist eine Erkrankung, bei der Bewegung nicht mehr so flüssig ablaufen, wie man es gewohnt ist.

Nicht nur, daß der **GANG** des Parkinsonpatienten langsam, schlurfend und kleinschrittig ist, auch die **MIMIK** verarmt und führt damit zu **KONTAKTSTÖRUNGEN**. Beim Parkinsonismus muß der Patient alle Bewegungen, egal welcher Natur, **willkürlich** induzieren, nichts läuft mehr **automatisch** ab.

ⓓ Die **MULTIPLE SKLEROSE** (*MS*) ist eine Erkrankung, bei der an unterschiedlichsten Stellen im Nervensystem die Verbindungsleitungen der einzelnen Nerven untereinander unterbrochen sind. Dadurch kommt es ebenfalls zu ganz unterschiedlichen neurologischen und ev. auch psychologischen Syndromen (*organisches Psychosyndrom*). **GANGUNSICHERHEITEN** und **SEHSTÖRUNGEN** treten bei der MS sehr häufig auf.

Psychologisch macht sich die MS im Normalfall durch eine **EUPHORIE** bemerkbar.

ⓔ Beim **HIRNTUMOR** kommt es, je nach Lokalisation des Tumors auch zu **Gangstörungen**.

ⓕ Bei einer **HIRNKONTUSION** kommt es durch ein **KOPFTRAUMA** zu Einblutungen ins Gehirn und damit zu einer **AKUTEN EXOGENEN PSYCHOSE**.

➠ Jenachdem wo sich die Blutungen befinden, können natürlich **auch Gangstörungen** resultieren.

ⓖ Eine **POLYNEUROPATHIE** ist eine Erkrankung peripherer Nerven, die z. B. beim **DIABETES MELLITUS** (*Zucker*).

➠ Wenn die Nerven, die die Beinmuskeln versorgen, geschädigt sind, kommt es ebenfalls zu **Gangstörungen**.

**24) Welche Aussage/n ist/sind richtig?**

Unter einer frühkindlichen Hirnschädigung versteht man:

**a)** Eine Mißbildung von Groß- und Kleinhirn.

**b)** Unspezifische Störungen des Gehirns durch unterschiedliche Noxen, die zwischen dem 6. Schwangerschaftsmonat und dem Ende des ersten Lebensjahres auf das Gehirn eingewirkt haben.

**c)** Entzündliche Schädigungen des Gehirns nach dem zweiten Lebensjahr.

**d)** Schädigungen des Gehirns, die mit physischen und psychischen Störungen einhergehen können.

**A)** Alle Aussagen sind richtig.
**B)** Nur Aussagen a, b und c sind richtig.
**C)** Nur Aussagen b, c und d sind richtig.
**D)** Nur Aussagen b und d sind richtig.
**E)** Nur Aussagen a und c sind richtig.

## Antwort:

☒ Lösung Ⓓ

💡 Die frühkindliche Hirnschädigung gehört zum Symptomenkomplex des **ORGANISCHEN PSYCHOSYNDROMS.**

*Die Besonderheit hierbei ist, daß die Schädigung noch vor der endgültigen Reife des Gehirns angreift.*

ⓓ Aus einer **FRÜHKINDLICHEN HIRNSCHÄDIGUNG** können verschiedene klinische Erscheinungsformen resultieren:

- **OLIGOPHRENIE,**
  *angeborene intellektuelle Leistungsschwäche*
- **M. LITTLE**, die **INFANTILE ZEREBRALLÄHMUNG,**
  *die Kinder weisen eine doppelseitige Lähmung der Beine auf, Bewegungsstörungen und Sprechstörungen, sowie Intelligenzdefekte.*
- **HYPERKINETISCHES SYNDROM,**
- **TEILLEISTUNGSSCHWÄCHEN,**
  *z. B. Legasthenie, Stottern*
- oder auch **NEUROTISCHE STÖRUNGEN** oder **KOMMUNIKATIONS-STÖRUNGEN.**

Als schädigende Noxen kommen

- **INFEKTIONEN** in frage, sowie
- **PLAZENTA-INSUFFIZIENZEN,**
- **ALKOHOL- UND NIKOTINABUSUS** der Mutter, oder
- **GEBURTSTRAUMATA.**

ⓑ Unter den Begriff „*frühkindliche Hirnschädigung*" fallen alle Schädigungen, die das Gehirn **zwischen dem 6. Schwangerschaftsmonat und dem ersten Lebensjahr** betreffen.

Diese Schädigungen sind **unspezifisch**, d. h. alle Schädigungen sehen im Prinzip gleich aus. Man kann vom klinischen Bild **nicht** auf die schädigende Noxe zurückschließen.

ⓐ Die frühkindliche Hirnschädigung ist definiert als „*eine alleinige Schädigung des Großhirns.*"

- Das **KLEINHIRN** ist bei der Geburt schon funktionsfähig,
- das **GROSSHIRN** ist erst ab dem 2. Lebensjahr in seiner neuronalen Struktur fertiggestellt.

*Frühkindliche Schädigungen sind definiert als Schädigungen, die das **wachsende Gehirn** betreffen.*

ⓒ **NACH DEM 2. LEBENSJAHR**, wenn das Gehirnwachstum abgeschlossen ist, resultiert aus einer **GEHIRNENTZÜNDUNG** mit **DEFEKTHEILUNG** ein **CHRONISCHES, PSYCHOORGANISCHES SYNDROM**, das klinisch fast so aussieht wie beim Erwachsenen.

**25)** Ein Patient fällt plötzlich bewußtlos zu Boden.

**Was ist zu tun?**

**Antwort:**

☒ Ich sichere die Vitalfunktionen.

*Meinen Sie, so etwas passiert in Ihrer psychotherapeutischen Praxis nicht? Warten Sie mal, bis der Patient Ihre Rechnung sieht!*

☞ ***Falls Sie sich beim Thema „Erste Hilfe“ nicht mehr so ganz sicher sind, machen Sie vielleicht zu(r) (Ihrer eigenen) Sicherheit nochmal einen Erste-Hilfe-Kurs!***

Ein **BEWUSSTLOSER** ist nicht ansprechbar. Man diagnostiziert also eine Bewußtlosigkeit, indem man den Patienten anspricht und feststellt, daß man keine Antwort bekommt.

*Natürlich kann das auch an der Art des Ansprechens liegen, aber nehmen wir mal an, der Patient liegt am Boden und redet nicht mehr mit Ihnen.*

Als Nächstes kontrollieren Sie die **VITALFUNKTIONEN** (*Atmung und Herzschlag*).

Sie tasten mit beiden Händen **an den unteren Rippen** und prüfen, ob der Patient atmet.

*Die Sache mit dem Spiegel vor die Nase halten o. ä. vergessen Sie schnell wieder, das ist zu ungenau.*

Wenn er nicht atmet, müssen Sie handeln - gemäß dem **NOTFALL-ABC**:

### ① A - Atemwege freimachen

Sie **ÜBERSTRECKEN DEN KOPF** (*jetzt kann die Zunge nicht mehr die Atmung behindern*) und räumen Alles, was im Mund nicht festgewachsen ist, raus (*Erbrochenes, Blutkoagel, Gebiß*).
*Unter „überstrecken" versteht man eine Rückwärtsbeugung des Kopfes.*

### ② B - Beatmen

Sie **BEATMEN** den, am Rücken liegenden, Patienten entweder mit der **MUND-ZU-NASE**- oder mit der **MUND-ZU-MUND**-Technik.

Jetzt tasten sie am Hals oder in der Herzgegend den **PULS**, wenn Sie nichts spüren, machen Sie eine **HERZDRUCKMASSAGE**:

### ③ C - Circulation.

Sie knien sich neben den Patienten und drücken **mit gestreckten Armen** den Brustbeinknochen ca. 4 cm weit nach unten.

Das Ganze, Beatmung und Herzdruckmassage wiederholen Sie dann andauernd im Rhythmus 2 (*Atemspende*)/15 (*Herzdruckmassage*) - solange, bis Hilfe kommt.

Falls Ihr Patient nur bewußtlos ist, aber die Atmung und die Herztätigkeit noch irgendwie funktionieren, legen Sie den Patienten in die **STABILE SEITENLAGE**.

Sie knien sich neben den Patienten, legen die Ihnen zugewandte (Patienten-)Hand unter die Hüfte des Bewußtlosen und stellen das, Ihnen zugewandte Knie auf. Dann fassen Sie den Patienten an der Schulter und Hüfte, die von Ihnen abgewandt sind, und rollen ihn zu sich herum.
Zum Schluß brauchen Sie nur noch den Kopf überstrecken und den hinteren Ellenbogen unter dem Körper vorzuziehen.

*Übung macht den Meister!*

🕮 **siehe ggf. auch Amtsarztfragen NOTFALLMEDIZIN**

**26) Was verstehen Sie unter einer larvierten Depression?**

## Antwort:

☒ Von einer **LARVIERTEN DEPRESSION** spricht man, wenn **anstelle** der **psychischen** Symptome **körperliche** Symptome im Vordergrund stehen.

Die **LARVIERTE**, oder auch **VEGETATIVE DEPRESSION** gehört zur **ENDOGENEN DEPRESSION**.

Bei dieser Form der Depression klagt der Patient über eine **VIELZAHL VON KÖRPERLICHEN BESCHWERDEN** („*Larve*") anstatt über seine **VERSTIMMUNGEN**.

Deshalb landen die Patienten als erstes auch beim **ALLGEMEINARZT** oder beim **INTERNISTEN** (*vielleicht auch beim Heilpraktiker*), aber alle angewendeten Therapien greifen nicht.

Irgendwann kommt dann mal jemand drauf und fragt nach dem charakteristischen **MORGENTIEF** - *wenn die Beschwerden alle morgens am stärksten sind, kann man von einer larvierten Depression ausgehen.*

Wichtig ist, daß es sich hierbei auch um eine „*echte*" endogene Depression handelt!
**Der Patient ist SUICIDGEFÄHRDET!**

**CHARAKTERISTISCHE** Beschwerden der larvierten Depression sind:

- **SCHLAFSTÖRUNGEN,**
- **APPETITLOSIGKEIT,**
- **OBSTIPATION,**
- **SCHWITZEN,**
- **HERZRHYTHMUSSTÖRUNGEN,**
- **SCHMERZEN** bei der **ATMUNG** und **KOPFWEH**.

Aber auch alle anderen Symptome können vorkommen.

27) **Beschreiben Sie die Anorexia nervosa, ihre Ursachen und die Therapie!**

## Antwort:

☒ Die Anorexia nervosa ist eine **PUBERTÄTSMAGERSUCHT**; die Ursache liegt in einem **MUTTER-TOCHTER-KONFLIKT**; als Therapie sind geeignet **FAMILIENTHERAPIE** oder **AUFDECKENDE VERFAHREN**.

Bei der **ANOREXIA NERVOSA** kommt es zu einer **NAHRUNGSVERWEIGERUNG** und dadurch zu einer starken Abmagerung der Patient(*in*)en.

Hauptsächlich sind **MÄDCHEN IN DER PUBERTÄT** betroffen.

Die Diagnose Anorexia nervosa stellt man aufgrund folgender Kriterien:

- **GEWICHTSVERLUST** durch Nahrungsverweigerung
- **AMENORRHOE**
- **OBSTIPATION**.

Die **AMENORRHOE** entsteht nicht aufgrund des Gewichtsverlusts sondern aufgrund **HORMONELLER DYSREGULATIONEN**.
Aufgrund der **OBSTIPATION** weisen die Patientinnen häufig einen **LAXANTIENABUSUS** (*Mißbrauch von Abführmitteln*) auf.
Die Patientinnen sind in der Regel **ÜBERDURCHSCHNITTLICH INTELLIGENT** (*gute Schulnoten*), sind gut im Sport und **ARBEITEN GERNE UND VIEL FÜR ANDERE**.
Es ist ihnen jedoch wichtig, immer weiter ihr Körpergewicht zu reduzieren (*Gewichtsphobie*).

Pathopsychologisch liegt die Störung in der **FAMILIENKONSTELLATION**. Die Kinder haben innerhalb des Familienverbands immer „funktioniert", es fehlt ihnen an **EIGENSTÄNDIGKEIT**.
Aus diesem Grunde fehlt auch ein erstrebenswertes Frauenbild, denn die alles beherrschende Mutter wird unbewußt abgelehnt.

**Die Krankheit hat eine sehr ernste Prognose; sie kann aufgrund einer HYPOKALIÄMIE (*Kaliumverlust des Körpers*) tödlich enden.**

**Therapie:** die Patientinnen werden wie **KÖRPERLICH SCHWERKRANKE** behandelt und werden durch **INFUSIONEN** erst einmal auf ein normales Körpergewicht gebracht - *ein Unterfangen, daß sicher zu Beginn nicht auf die Akzeptanz der Patientinnen stößt.*

**Erst dann** ist an eine **PSYCHOTHERAPIE** zu denken: Familientherapie oder aufdeckende Verfahren sind hier am sinnvollsten.

**28)** Ein etwa 50jähriger Mann kommt in die Praxis. Er macht einen niedergeschlagenen Eindruck und erzählt, er wäre bereits bei einer Reihe von Ärzten gewesen, und niemand hätte ihm helfen können.

Er erzählt, er hätte einen schwarzen, zähen Stuhl abgesetzt. Nebenbei erwähnt er, daß ihm bei der Beförderung ein jüngerer Kollege vorgezogen worden sei. Auch in seiner Kindheit und Jugend sei er oft benachteiligt gewesen.

Nach der Frage betreffend Krankheiten in der Familie erzählt er, sein Vater habe gelegentlich Magenschmerzen gehabt.

1. **Was ist zu tun?**

2. **Welche Diagnose würden Sie stellen?**

3. **Wie sieht Ihre Therapievereinbarung aus; mit welchen Kosten muß der Klient rechnen?**

## Antwort:

☒ ① Der Patient muß sich einer internistischen Untersuchung unterziehen.

② Ich stelle keine Diagnose, bevor der internistische Befund da ist.

③ Keine Therapievereinbarung.

Hier hätte man erkennen müssen, daß, Psychosomatik hin, Psychosomatik her, ein **SCHWARZER, ZÄHER STUHL** etwas Unnormales ist.

☞ Denken Sie immer dran: von einer psychischen, psychosomatischen oder funktionellen Erkrankung kann man erst reden, wenn der Internist **KEINE AUFFÄLLIGEN PATHOLOGISCHEN BEFUNDE** erhoben hat!

In unserem Beispiel ist der schwarze Stuhl ein eindeutiger Hinweise darauf, daß was nicht in Ordnung ist.

*Übrigens: Der schwarze, zähe Stuhl wird auch als **TEERSTUHL** bezeichnet und ist ein Hinweis auf eine Blutung im oberen Gastrointestinaltrakt (Magen- oder Zwölffingerdarmgeschwür).*

In einem solchen Fall schicken Sie den Patienten zum **HAUSARZT** oder zum **INTERNISTEN**: die (*vermutliche*) internistische Erkrankung kann bei diesem Patienten schwerwiegendere Folgen haben als eine, vielleicht zusätzlich bestehenden **NEUROSE**.

Wenn der Internist seine Behandlung eingeleitet hat, können Sie, wenn Sie möchten, **PARALLEL DAZU** eine **PSYCHOTHERAPEUTISCHE BEHANDLUNG** beginnen.

➡ **ERST JETZT** widmen Sie sich soweit dem Patienten, daß Sie sich Gedanken machen, welche psychische Erkrankung vorliegen könnte.

Falls der Internist seines Amtes bereits gewaltet hätte, könnte man vielleicht die Diagnose „***DURCH-SETZUNGSPROBLEMATIK MIT SOMATISIERUNGSTENDENZ***" stellen. Man muß im Verlauf der Anamnese natürlich immer abklopfen, ob sich dahinter nicht eine **PSYCHOSE** verbirgt.

Also fragen, ob ...

- der Patient **ALLSEITS ORIENTIERT** ist (*organische Psychose*), ob
- ein **MORGENTIEF** vorliegt (*endogene Depression*), oder ob
- der Patient **STIMMEN HÖRT IN FORM VON REDE UND GEGENREDE** oder ob
- andere **SCHIZOPHRENE FORMALE DENKSTÖRUNGEN** vorliegen.

Eine **THERAPIEVEREINBARUNG** bei einem neurotischen Patienten könnte z. B. so aussehen, daß man zunächst 3 Sitzungen fest vereinbart, und dann eventuell auf 12 Sitzungen aufstockt.

Sitzungen beim Psychotherapeuten kosten normalerweise zwischen DM 60,00 und 120,00 DM.

**Beim Patienten in dieser Frage geht's aber erst zum Internisten!!**

**29) Welche Aussage/n ist/sind richtig?**

Schwindel, Übelkeit und Erbrechen kommen vor bei

**a)** Hirntumoren mit gesteigertem Hirndruck
**b)** Kreislaufregulationsstörungen
**c)** Intoxikationen mit psychotropen Substanzen
**d)** Schizophrenie
**e)** eitrige Meningitis

**A)** Alle Aussagen sind richtig.
**B)** Nur Aussage d ist richtig.
**C)** Nur Aussagen a und b sind richtig.
**D)** Nur Aussagen a, b und c sind richtig.
**E)** Nur Aussagen a, b und d sind richtig.

**Antwort:**

☒ Lösung Ⓐ

**SCHWINDEL**, **ÜBELKEIT** und **ERBRECHEN** sind sehr subjektive Symptome.

Sie können allesamt als **KONVERSIONSNEUROTISCHES SYNDROM** auftreten oder aber auch einen ernsthaften **SOMATISCHEN** (*körperlichen*) **KRANKHEITSWERT** haben.

- **ÜBELKEIT** und **ERBRECHEN** sind Zeichen einer **HIRNHAUTREIZUNG** oder einer **KLEINHIRNREIZUNG** (*z. B. bei hohem Seegang auf einem kleinen Schiff* ...).
- **SCHWINDEL** ist als Symptom noch viel unspezifischer:
  Schwindel kann auf eine allgemeine (*Gang-*)**Unsicherheit** hindeuten oder ebenfalls auf eine Kleinhirnstörung.

ⓐ **HIRNTUMOREN** machen sich ab einer gewissen Größe einfach durch ihre Masse, durch die **RAUMFORDERUNG**, bemerkbar. Der Kliniker spricht hier von **GESTEIGERTEM HIRNDRUCK**. Die Tumoren drücken dann eben auch auf die **HIRNHÄUTE** und dem Patienten ist es übel.

Meistens haben solche Patienten außerdem noch andere **NEUROLOGISCHE AUSFALLSSYMPTOME**:

- **LÄHMUNGEN**,
- **SENSIBILITÄTSSTÖRUNGEN** oder
- **SPRACHSTÖRUNGEN**.

**Ein Patient mit Verdacht auf Hirntumor muß zum Neurologen.**

ⓑ **KREISLAUFREGULATIONSSTÖRUNGEN** (*niedriger Blutdruck*) machen sich in **SCHWINDEL**, besonders beim Aufstehen aus dem Liegen oder aus der Hocke bemerkbar.
In extremen Fällen kann es dem Patienten auch schon mal schlecht werden.

ⓒ **INTOXIKATIONEN** (*Vergiftungen*) mit **MEDIKAMENTEN**, die auf das Gehirn eine Wirkung haben, führen meistens als Erstreaktion zu einer „**MAGEN-DARM-REVOLTE**" - der Körper versucht, sich die Toxine auf natürlichem Weg wieder vom Hals zu schaffen.

Später kommt natürlich unsere **AKUTE EXOGENE PSYCHOSE** dazu:

- ein **AMENTIELLES SYNDROM**,
- ein **DÄMMERZUSTAND** oder
- ein **DELIR**.

Manchmal werden partiell desorientierte Zustände vom Patienten selbst als „**SCHWINDEL**" (= *Unsicherheit*) beschrieben.

ⓓ *Jaja, auch die Schizophrenie gehört hier dazu.*

Es gibt eine Unterform der Schizophrenie, die **PERNIZIÖSE KATATONIE**, die mit, z. T. lebensgefährlichen **VEGETATIVEN ENTGLEISUNGEN** einhergeht.
Die Patienten weisen einen Wechsel an **HYPO-** und **HYPERKINETISCHEN SYNDROMEN** auf (*Stupor wechselt sich mit Hyperkinesen ab*), **FIEBER, HERZ- UND KREISLAUFINSUFFIZIENZEN** oder auch **MUSKELSCHÄDEN**.

Es kann hier sogar zu einem **NIERENVERSAGEN** kommen. Es gibt Vermutungen, daß hinter dieser Form der Schizophrenie eine nicht erkannte **GEHIRNENTZÜNDUNG** (*Encephalitis*) verborgen ist.

ⓔ Eine **EITRIGE MENINGITIS** (*Gehirnhautentzündung*) ist ein Krankheitsbild, das mit einer erheblichen Reizung der Hirnhäute einhergeht. Den Patienten ist es furchtbar schlecht (*Kopfweh, Erbrechen*).

Eine eitrige Meningitis wird natürlich immer in einer **KLINIK** behandelt.

**30) Welche Aussage ist richtig?**

Stottern (*als pathologisches Phänomen*) ...

**A)** beruht in der Regel auf einer familiären Sprachschwäche mit dominantem Erbgang

**B)** ist ausschließlich Ausdruck intrapsychischer Konflikte

**C)** tritt ausschließlich infolge frühkindlicher Hirnschädigung auf

**D)** manifestiert sich meistens nach dem 8. Lebensjahr

**E)** kommt bei Knaben häufiger vor als bei Mädchen

**Antwort:**

☒ Lösung Ⓔ

Bei den **SPRACHSTÖRUNGEN** unterscheidet man:

- **STAMMELN**
- **POLTERN**
- **STOTTERN**
- **PSYCHOGENE SPRACHSTÖRUNGEN**.

- Unter **STAMMELN** versteht man **ARTIKULATIONSSTÖRUNGEN**, die besonders gern einige **Konsonanten** betreffen: S (*Lispeln*), G, L etc.

  Diese Störungen sind bis ca. zum 4. Lebensjahr noch normal.

- Von **POLTERN** spricht man, wenn das Kind zu hastig oder unklar spricht. **ENDSILBEN** werden z. B. weggelassen oder falsch plaziert.

- Unter einer **PSYCHOGENEN SPRACHSTÖRUNG** (*Dysphonie*) versteht man eine **STÖRUNG DER STIMMGEBUNG**: tonlose, heisere, krächzende Stimmen (***ohne** pathologischen HNO-Befund!*).

- Beim **STOTTERN** ist der Redefluß verändert.

Ⓓ Stottern ist **ZWISCHEN DEM 2. UND 4. LEBENSJAHR** normal (*Entwicklungsstottern*); es handelt sich um Dysregulationen neurophysiologischer Prozesse. Erst bei einer Persistenz der Sprachstörung spricht man von dem eigentlichen Stottern.

Ⓐ Am weitaus häufigsten findet man eine **PSYCHOREAKTIVE AUSLÖSUNG** der Sprachstörung; meistens handelt es sich um zugrundeliegende **VERSAGENSÄNGSTE**. Stottern kann jedoch auch im Gefolge eines **FRÜHKINDLICHEN HIRNSCHADENS** auftreten (*wesentlich seltener*).

ⒷⒸ Stottern ist aber **nicht ausschließlich neurotisch** bedingt:

- den **FRÜHKINDLICHEN HIRNSCHADEN** hatten wir schon erwähnt,
- **GENETISCHE FAKTOREN** spielen auch eine, wenn auch untergeordnete Rolle, und nicht zu vergessen,
- die **PERSÖNLICHKEITSSTRUKTUR DES KINDES**.

Ⓔ Sprachstörungen, wie Stammeln oder Stottern kommen tatsächlich bei **Knaben** häufiger vor als bei Mädchen (*Verhältnis 1 : 4*).

*Frauen können einfach besser reden .....*

**31) Beurteilen Sie beide Aussagen und die Verknüpfung!**

Bei depressiven Patienten wächst im allgemeinen das Suicidrisiko, wenn der Therapeut die Patienten von sich aus Suicidgedanken anspricht,

**weil**

für depressive Patienten das Ansprechen von Suicidgedanken den Suicid typischerweise erst recht in den Bereich des Möglichen rückt.

**A)** Beide Aussagen und dic Verknüpfung sind richtig.
**B)** Beide Aussagen sind richtig.
**C)** Nur die erste Aussage ist richtig.
**D)** Nur die zweite Aussage ist richtig.
**E)** Keine Aussage ist richtig.

## Antwort:

☒ Lösung Ⓔ

**SUICID** wird immer wieder gerne gefragt. Suicid ist ja auch **DIE** Komplikation in der Psychotherapie schlechthin.

Wichtig ist es, die Hinweise, die auf eine Suicidgefahr hindeuten zu erkennen: das **PRÄSUICIDALE SYNDROM NACH RINGEL.**

- **EINENGUNG DER SOZIALEN UND PSYCHISCHEN LEBENSBEREICHE,**
- **AGGRESSIONSHEMMUNG NACH AUSSEN** und **WENDUNG DER AGGRESSION GEGEN DIE EIGENE PERSON** und
- **TODESPHANTASIEN.**

Suicid ist immer die schlechteste aller möglichen Lösungen - *das weiß Ihr Patient auch.*

Therapeutisch hilfreich ist ein **ENGER KONTAKT**, in dem es **KEINE TABUTHEMEN** gibt.
Wenn Sie vermuten müssen, daß ein Patient nahe dran ist, sich selbst umzubringen, ist es Ihre Pflicht, das Thema anzusprechen und damit zu **ENTTABUISIEREN**.

Viele Patienten deuten irgendwann im Gespräch die Möglichkeit einer Selbsttötung **KURZ** an, wenn Sie dann nicht **SOFORT** dieses Thema aufgreifen, vergräbt der Patient seine Ängste und Befürchtungen wieder.

**Also fragen Sie!**

*Um nochmal auf die Frage einzugehen:*

Stellen Sie sich vor, Sie würde jemand fragen, ob Sie daran denken würden, sich umzubringen - *würden Sie's tun oder würden Sie als erstes mal dumme Witze reißen?*

☞ Also:

**ALLEIN DURCH NACHFRAGEN TREIBT MAN NIEMANDEN IN DEN SELBSTMORD, WOHL ABER DURCH NICHT-NACHFRAGEN!**

Antworten, die zu einer Entwarnung Anlaß geben sind: ich würde mich nie umbringen, **weil**.....

Lassen Sie sich eine stichhaltige Begründung geben, warum sich der Patient nicht selbst ins Jenseits befördern wird (*Kinder, Lebenspartner etc.*) - **bei allen anderen Äußerungen müssen Sie die Suicidgefahr weiterhin ernst nehmen**.

Wenn alle Stricke reißen, müssen Sie den Patienten in eine **PSYCHIATRISCHE KLINIK** verfrachten! Die meisten Patienten wollen einfach nur Ruhe und raus aus dem Alltag....

**32) Welche Aussage/n ist/sind richtig?**

Bei der Manie findet man typischerweise oder des öfteren ...

**a) ......** Ideenflucht
**b) ......** sexuelle Enthemmung
**c) ......** Kauflust
**d) ......** mangelndes Krankheitsgefühl

**A)** Alle Aussagen sind richtig.
**B)** Nur Aussagen b und d sind richtig.
**C)** Nur Aussagen a, b, und c sind richtig.
**D)** Nur Aussagen a, b und d sind richtig.
**E)** Nur Aussagen a, c, und d sind richtig.

**Antwort:**

☒ Lösung Ⓐ

Die Manie ist eine **PSYCHOSE** aus dem Formenkreis der **CYCLOTHYMIE**.

Ein Maniker ist unerträglich „*gut drauf*" und stellt alle möglichen und unmöglichen Sachen an. Maniker bringt man in eine psychiatrische Station, um die **UMGEBUNG** zu schützen.

Kennzeichen der Manie sind:

- **BESCHÄFTIGUNGSDRANG.**

  Der Patient hat furchtbar viele Ideen, was zu tun ist. Dadurch kommt er vom Hundertsten ins Tausendste und bringt natürlich Nichts **ZU ENDE**.

ⓐ
- Die **IDEENFLUCHT**.

  Die Ideenflucht ist eine **FORMALE DENKSTÖRUNG**; die Patienten sind extrem **LEICHT ABLENKBAR** und **REDEN PAUSENLOS**.

  Beachten Sie bitte: ein echter Wahn tritt nicht auf. Der Patient äußert zwar, daß er sich für den Größten hält; er ist aber nie so 120 %ig davon überzeugt wie der Wahnkranke. Man spricht deshalb beim Maniker immer nur von „**GRÖSSENIDEEN**", nicht vom **GRÖSSENWAHN**.

- **GEHOBENE STIMMUNG** und **GESTEIGERTER ANTRIEB**.

  Die Patienten organisieren und arbeiten (*allerdings sehr uneffektiv*) so viel, daß es der Umgebung bald zu viel wird. Aufgrund des gesteigerten Antriebs brauchen die Patienten auch **VIEL WENIGER SCHLAF** als normal.

  Die gehobene Stimmung kann sich in einer mitreißenden Euphorie äußern, die aber auch in

  - **REIZBARKEIT**,
  - **STREITSUCHT** und
  - **AGGRESSIVITÄT** umschlagen kann.

ⓑ Zur Antriebssteigerung gehört auch, daß die Patienten ihr **SCHAMGEFÜHL** verlieren: die Patienten können aufdringlich werden, Andere sexuell belästigen und durch **ALLGEMEINE DISTANZLOSIGKEIT** auffallen.

ⓓ ● Kein Maniker hält sich deshalb auch für krank. Sie sind höchstens **STREITSÜCHTIG**, weil die Personen ihrer Umgebung bei ihren Plänen nicht mitziehen.

ⓒ Besonderes Kennzeichen der Maniker ist es, unüberlegt **GELD AUSZUGEBEN**. Es handelt sich dabei jedoch nicht um kleinere Summen, sondern um bis zu 6-stellige Beträge.

*So etwas kann die ganze Familie in den Ruin stürzen - man entmündigt dann den Patienten für die Dauer dieser Phase.*

**33) Welche Aussage/n ist/sind richtig?**

Folgen frühkindlicher Hirnschädigung können sein:

**a)** Lese- und Rechtschreibschwäche
**b)** schwere Intelligenzschwäche
**c)** herabgesetzte emotionale Belastungsfähigkeit
**d)** Aufmerksamkeitsschwäche
**e)** Verhaltens- und Kontaktstörung

**A)** Alle Aussagen sind richtig.
**B)** Nur Aussagen a, b und c sind richtig.
**C)** Nur Aussagen b, d und e sind richtig.
**D)** Nur Aussagen a, b, c und e sind richtig.
**E)** Nur Aussage d ist richtig.

## Antwort:

☒ Lösung Ⓐ

Unter einem **FRÜHKINDLICHEN HIRNSCHADEN** versteht man das Ergebnis einer Schädigung, die das Gehirn **ZWISCHEN DEM 6. SCHWANGERSCHAFTSMONAT UND DEM 1. LEBENSJAHR** betroffen hat.

Es handelt sich um eine besondere Form des **ORGANISCHEN PSYCHOSYNDROMS**.
**siehe Frage # 24**

Die Prognose richtet sich natürlich nach der **GRÖSSE** der Schädigung, aber auch nach der Fähigkeit des wachsenden Gehirns, diesen Schaden zu **KOMPENSIEREN**.

- Im schlimmsten Fall resultiert die **LITTLE-KRANKHEIT** daraus: die Kinder
    - sind **GELÄHMT**,
    - haben zusätzlich **BEWEGUNGSSTÖRUNGEN** und, in der Regel, auch noch
    - **INTELLIGENZDEFEKTE**.

ⓑ
- Die Kinder können auch eine **OLIGOPHRENIE**, eine **ANGEBORENE INTELLIGENZ-MINDERUNG** aufweisen.

- Weniger gravierende Störungen bezeichnet man als **MCD** (***minimal** cerebral **dys**function*) oder **PSEUDOPSYCHOPATHOLOGISCHES SYNDROM**.

Diese Kinder sind **AFFEKTLABIL**, d. h. der emotionale Zustand ändert sich oft sprunghaft.

ⓒ Häufig sind die Kinder **GEREIZT**, **MÜRRISCH** und/oder **AGGRESSIV**.

ⓔ Die wichtigste Störung liegt aber im **SOZIALVERHALTEN**: die Kinder sind nicht in der Lage, **TRAGFÄHIGE SOZIALKONTAKTE** aufzubauen. Auf der einen Seite sind sie **DISTANZLOS**, fast schon aufdringlich, auf der anderen Seite können sie sich nicht längere Zeit mit einem Menschen unterhalten.

ⓓ Die **AUFMERKSAMKEIT** kann nicht längere Zeit auf ein Thema gerichtet werden. Das macht sich im zwischenmenschlichen Kontakt, aber natürlich auch in der Schule bemerkbar.

- Ein frühkindlicher Hirnschaden kann sich aber auch in einer leichteren Form bemerkbar machen:

ⓐ
- **LESE**- und **RECHTSCHREIBSCHWÄCHE** (*Legasthenie*),
- **RECHTS-LINKS-SCHWÄCHE** oder
- **RECHENSCHWÄCHE** (*Dyskalkulie*) sind solche häufigeren Teilleistungsschwächen.

Als Teilleistungsschwächen gibt es auch motorische Störungen:

- **HYPERKINESEN** (*Zappelphillip-Syndrom*) oder
- **HYPOKINESEN** (*verminderte Beweglichkeit des Kindes*),
- schlechte **ZIELMOTORIK** etc.

Es handelt sich dabei meistens um neurologische Krankheitsbilder.

**34) Beurteilen Sie beide Aussagen und die Verknüpfung!**

Eine Patientin, die an Schizophrenie leidet, hört eine männliche Stimme, die ihr den Befehl gibt, Ihren Mann zu töten.

Diese Situation ist gefährlich,

**weil**

manche Kranke ohne Gegenwehr akustisch halluzinierte Befehle ausführen.

**A)** Beide Aussagen und die Verknüpfung sind richtig.
**B)** Beide Aussagen sind richtig.
**C)** Nur die erste Aussage ist richtig.
**D)** Nur die zweite Aussage ist richtig.
**E)** Keine Aussage ist richtig.

## Antwort:

☒ Lösung Ⓐ

**WAHNKRANKE** sind stets *„mit Vorsicht zu genießen"*.

Bei einem Wahn entwickelt der Patient ein ganz anderes **WAHRNEHMUNGSBILD** seiner Umgebung, so daß man weder mit dem Patienten darüber diskutieren kann, noch kann man sich in den Patienten einfühlen, um zu verstehen, was er meint und in welcher Welt er lebt (*eine Psychotherapie nach Rogers - klientzentrierte Gesprächspsychotherapie - ist hier also absolut unmöglich.*)

Die Diagnose „**WAHN**" wird gestellt nach den Kriterien:

- **SUBJEKTIVE GEWISSHEIT**
- **KRANKHAFTER ICH-BEZUG**
- **UNKORRIGIERBAR, NICHT BEWEISBEDÜRFTIG**
- **UNVERSTEHBAR, UNMÖGLICHER INHALT.**

Wenn Sie sich diese Punkte nochmal überlegen, können Sie sich ausmalen, welche **PSYCHISCHE KRAFT** hinter einem Wahn stecken kann. Wahnkranke geben oft ihren Wahngebilden gegenüber der Realität den Vorzug, sie sind der Inhalt ihres Lebens.

*Da man nie so genau abschätzen kann, was sich in der Wahnwelt gerade so abspielt, behandelt der naturheilkundliche Psychotherapeut Wahnkranke nicht.*

**Jeder Wahnkranke, egal ob schizophren oder nicht, kann gefährlich werden!**

**35) Welche Aussage/n ist/sind richtig?**

Wahneinfälle treten auf bei folgenden Erkrankungen:

**a)** cerebral wirksamen Intoxikationen
**b)** Schizophrenen
**c)** Alkoholdelir
**d)** Manien

**A)** Alle Aussagen sind richtig.
**B)** Nur Aussagen a und b sind richtig.
**C)** Nur Aussagen a, b und c sind richtig.
**D)** Nur Aussagen b und d sind richtig.
**E)** Nur Aussage d ist richtig.

## Antwort:

☒ Lösung Ⓑ

Einen **WAHNEINFALL** kann man auch als **WAHNGEDANKEN** oder **WAHNIDEE** bezeichnen.

Das typische Charakteristikum dabei ist die Tatsache, daß sich ein Wahneinfall „*aus dem Nichts*", also ohne vorhergegangene Sinneswahrnehmung manifestiert.

Auf einmal weiß der Patient, daß er berufen ist, die Welt zu retten (... *oder irgendwie so*).

ⓑ Wahneinfälle sind typisch für die **SCHIZOPHRENIE**.
Meistens „wissen" die Patienten auf einmal, daß „*etwas gegen Sie Gerichtetes, etwas Unheimliches im Gange ist*" (*Verfolgungswahn*).

Einem Wahneinfall geht meistens eine Periode voraus, in der dem Patienten Alles unheimlich, verdächtig und/oder gegen ihn gerichtet vorkommt

➠ die **WAHNSTIMMUNG**.

ⓐ Wahneinfälle gibt es außerdem bei der **MELANCHOLIE** (*endogene Depression*) oder bei **VERGIFTUNGEN MIT PSYCHOTROPEN SUBSTANZEN**.

Vor allem nach einen Miß-/Gebrauch von **PSYCHOSTIMULANTIEN**

- **APPETITZÜGLER,**
- **COCAIN,**
- **KHAT-ALKALOIDE**

können Krankheitsbilder induziert werden, die einer Schizophrenie sehr ähnlich sind.

Besonders bei Cocain taucht gerne ein **VERFOLGUNGS- UND GRÖSSENWAHN** auf, in Verbindung mit **AKUSTISCHEN HALLUZINATIONEN**.

ⓒ Zum **ALKOHOLDELIR** gehören Wahnsymptome nicht.

Das Alkoholdelir heißt auch **DELIRIUM TREMENS**. Es tritt nach längerem Alkoholabusus auf und kann als

- **KONTINUITÄTSDELIR** (*nach ununterbrochener Alkoholzufuhr*), als
- **GELEGENHEITSDELIR** (bei *verminderter Alkoholtoleranz durch Infekte oder andere abnorme Belastungen*) oder als
- **ABSTINENZDELIR** (*nach abrupter Entziehung*) auftreten.

Dem Delirium tremens geht das sog. **PRÄDELIR** voraus: die Patienten sind

- **SCHRECKHAFT,**
- **ÄNGSTLICH,**
- **SCHLAFLOS;**
- es treten bereits **HALLUZINATIONEN** auf.

Das eigentliche Delirium tremens tritt dann meistens plötzlich, mitten in der Nacht auf.

Die Patienten ...

- weisen eine **PSYCHOMOTORISCHE UNRUHE** auf,
- haben **HALLUZINATIONEN**, die sich gerne aufs Trinken und/oder auf kleine, durchsichtige, bewegte Gegenstände beziehen (*die berühmten weißen Mäuse*),
- es treten **ILLUSIONEN** auf (*Verkennung realer Gegenstände*),
- die Patienten sind **DESORIENTIERT** und **NICHT BEWUSSTSEINSKLAR**.

Das Wichtigste:

- es ist außer mit **KRAMPFANFÄLLEN** mit **VEGETATIVEN ENTGLEISUNGEN** zu rechnen: **STARKE KÖRPERTEMPERATUR** und **BLUTDRUCKSCHWANKUNGEN**, die ein Delir **LEBENSBEDROHLICH** machen!

Das Delir dauert in der Regel nur **EINIGE TAGE**; mit jedem Delir verändert sich aber die Persönlichkeit des Patienten ins Negative. Ein Delir kann

- **AUSHEILEN,**
- in eine **ALKOHOLISCHE DEMENZ** übergehen,
- in ein **KORSAKOW-SYNDROM** oder
- in eine **WERNICKE-ENCEPHALOPATHIE** (*Kennzeichen: Somnolenz, Augenmuskellähmungen und Ataxie*) münden.

ⓓ Der **MANIKER** weist keinen Wahn auf. Der Maniker hat zwar abstruse Ideen, denen er große Bedeutung beimißt, er läßt sich aber von seinen Ideen ablenken (*was beim Wahnkranken nie der Fall ist*).

Man spricht in diesem Zusammenhang beispielsweise nicht von „Größenwahn" sondern von „**GRÖSSEN-IDEEN**" des Manikers. Die Maniker sind von ihren Ideen nie so felsenfest überzeugt wie die Wahnkranken.

Im Gegensatz zum Maniker tritt aber beim **ENDOGEN DEPRESSIVEN** sehr wohl ein Wahn auf: meistens handelt es sich um

- **VERARMUNGSWAHN**,
- **VERSÜNDIGUNGSWAHN**,
- **KRANKHEITSWAHN** (*hypochondrischer Wahn*) oder um den
- **KLEINHEITSWAHN** (*Nichtigkeitswahn*).

**36) Beurteilen Sie beide Aussagen und die Verknüpfung!**

Endogene Depressionen werden häufig nicht als solche erkannt,

**weil**

viele endogen Depressive vornehmlich über leibliche Mißempfindungen klagen, die den Beschwerden einer organischen Krankheit sehr ähneln.

**A)** Beide Aussagen und die Verknüpfung sind richtig.
**B)** Beide Aussagen sind richtig.
**C)** Nur die erste Aussage ist richtig.
**D)** Nur die zweite Aussage ist richtig.
**E)** Keine Aussage ist richtig.

**Antwort:**

☒ Lösung Ⓐ

*Leider gibt es bei den meisten Krankheiten viel mehr atypische Verlaufsformen als typische. Die endogene Depression ist hier keine Ausnahme. Wenn man sucht (und weiß, wonach man suchen soll), kann man jedoch auch hinter unklaren Beschwerden typische Kennzeichen der Melancholie entdecken.*

*Deshalb lernen Sie ja die Kennzeichen, die zur endogenen Depression gehören.*

Die Kennzeichen sind:

- **TAGESSCHWANKUNGEN**
  *- das berühmte **Morgentief***
- **DURCHSCHLAFSTÖRUNGEN**
  *- die Patienten wachen in den frühen Morgenstunden auf*
- **DEPRESSIVE GEDANKENGÄNGE**
  *- Gefühl der Gefühllosigkeit*
- **FORMALE UND INHALTLICHE DENKSTÖRUNGEN**
  *- Verlangsamtes Denken und/oder Wahngedanken)*
- **HYPOMANISCHE NACHSCHWANKUNGEN** nach einer Phase
  *- darunter versteht man eine Phase inadäquater positiver Gestimmtheit nach einer depressiven Phase. Da die Hochgestimmtheit sich in ihrer Ausprägung nicht mit einer Manie vergleichen läßt, spricht man von Hypomanie (= „abgeschwächte Manie").*

Leichtere Formen der Depression weisen nur ein oder 2 Symptome auf; die Patienten sind vielleicht nur phasenweise grantig oder leiden unter therapieresistenten Schlafstörungen.

Es gibt, als Sonderform der endogenen Depression, die **LARVIERTE DEPRESSION**, bei der die Patienten fast ausschließlich über

- **GESUNDHEITS**- und
- **BEFINDLICHKEITSSTÖRUNGEN** klagen.

Hier ist die Diagnose natürlich schwieriger zu stellen, da diese Form der Depression erst mal als **KÖRPERLICHE ERKRANKUNG** fehlgedeutet wird.

Bei den Untersuchungen resultieren keine oder höchsten grenzwertig pathologische Symptome. Typische Klagen sind:

- **DRUCK IM BRUSTBEREICH**, der die Atmung behindert
- **KOPFWEH**, als ob ein Reifen um den Kopf gelegt sei,
- **KLOSS IM HALS**
- **SCHLAFSTÖRUNGEN**

Charakteristisch ist aber immer

- der **PHASENWEISE VERLAUF**,
- das **MORGENTIEF** und
- die **HYPOMANISCHE NACHSCHWANKUNG**.

**37) Welche Aussage trifft zu?**

Unter Halluzinationen versteht man:

**A)** lebhafte Vorstellungen
**B)** z. B. die Befürchtung, AIDS zu haben
**C)** ein Konversionssyndrom (*z. B. Globusgefühl*)
**D)** eine Verkennung der Umwelt
**E)** eine Sinnestäuschung ohne reales Wahrnehmungsobjekt

## Antwort:

☒ Lösung Ⓔ

Ⓔ **HALLUZINATIONEN** sind **WAHRNEHMUNGEN, OHNE ENTSPRECHENDEN SINNESREIZ VON AUSSEN**.

Meistens sind die Patienten von der Richtigkeit ihrer Wahrnehmungen überzeugt. Wenn es zu Halluzinationen im Rahmen eines **ORGANISCHEN PSYCHOSYNDROMS** kommt, kann man die **REALITÄTSGEWISSHEIT** als diagnostisches Kriterium mitverwerten:

- je ausgeprägter die Psychose ist, desto überzeugter ist der Patient von seinen „*Wahrnehmungen*";
- je mehr der Patient wieder genesen ist, desto unwahrscheinlicher empfindet er das, was er „sieht".

- **AKUSTISCHE HALLUZINATIONEN IN FORM VON REDE UND GEGENREDE** treten auf *........ bei welcher Krankheit?*

  *Genau, bei der **SCHIZOPHRENIE**. Diese Form der Halluzination gehört zu den **SYMPTOMEN ERSTEN RANGES** nach Kurt Schneider.*

- **OPTISCHE HALLUZINATIONEN** treten z. B. bei einem **DELIR**, also bei einer **AKUTEN ORGANISCHEN PSYCHOSE** auf.

- **GERUCHS- UND GESCHMACKSHALLUZINATIONEN** können bei einem schizophrenen Patienten im Rahmen eines **VERGIFTUNGSWAHNS** auftreten.

- **TAKTILE HALLUZINATIONEN** (*Gefühlshalluzinationen*) kommen z. B. im Zuge eines **DERMATOZOENWAHNS** vor.
  Hier meint der Patient, seine Haut wäre von Insekten o. ä. befallen. Der Dermatozoenwahn kann bei **CHRONISCHEN ORGANISCHEN PSYCHOSEN** (*Arteriosklerose z. B.*) vorkommen.

*Verwechseln Sie taktile (oder haptische) Halluzinationen nicht mit leiblichen Beeinflussungserlebnissen des Schizophrenen: der Schizophrene „fühlt", daß er bestrahlt, hypnotisiert oder magnetisiert wird - es dreht sich hier um das „von außen Beeinflussende", während unser Patient mit Dermatozoenwahn lediglich sich über die vermeintlichen Käfer auf der Haut ärgert. Dieser Patient fühlt sich nicht von außen durch geheimnisvolle Kräfte beeinflußt wie der Schizophrene.*

Ⓐ Eine lebhafte Vorstellung, ein bildhaftes Denken ist nichts Krankhaftes! Manche Menschen haben einfach viel **PHANTASIE** und sehen in unbestimmten Formen Gesichter, Menschen, Tiere (*oder den Amtsarzt*) etc.

☞ Im Fachjargon nennt man künstlerisch begabte Menschen, die mit einer lebhaften Vorstellungswelt ausgestattet sind **EIDETIKER**.

Wenn man der normalen Wahrnehmung etwas hinzufügt, z. B. aus einem Geräusch (*Tonbandrauschen*) eine Stimme hört, spricht man von **PAREIDOLIEN**. Pareidolien sind von Illusionen nicht scharf zu trennen; sie kommen bei Gesunden, aber auch bei Bewußtseinsgestörten vor.

Ⓑ Die Befürchtung, AIDS zu haben

- kann zu einer **ÜBERWERTIGEN IDEE** werden: der Patient rennt von Labor zu Labor und läßt sich jede Woche die Blutwerte bestimmen
- kann ein wahnhaftes Geschehen darstellen, z. B. im Verlauf einer **MELANCHOLIE**. Hier sitzt der Patient zu Hause, rührt sich nicht vom Fleck und weiß einfach, daß er, als Bestrafung für seine früheren Missetaten, jetzt AIDS hat. Der Patient braucht auch keine Blutwerte, um die „Diagnose" zu sichern - **ER WEISS ES**.
- Sie kann aber natürlich auch einen realen Hintergrund haben (*HIV-positiv*) - **REALANGST**.

Ⓒ Von einem **KONVERSIONSSYMDROM** (*Konversionsneurose*) spricht man, wenn Verdrängtes in körperlichen Äußerungen wiedererscheint. Die Krankheitssymptome haben **AUSDRUCKSCHARAKTER** (*„Krankheit als Weg"*).

Konversionssyndrome haben ihren Ursprung im **ÖDIPUSKOMPLEX**, bzw. in verdrängten genitalen Strebungen. Eine Konversionssymptomatik beschert dem Patienten in der Regel einen deutlichen primären und sekundären Krankheitsgewinn.

🕮 **siehe Amtsarztfragen PSYCHIATRIE**

Ⓓ Unter eine **ILLUSION** versteht man eine **SINNESTÄUSCHUNG**. Man sieht etwas (*z. B. die Weidenbüsche im Nebel aus dem Gedicht „Der Erlkönig"*) und glaubt, es handele sich um den Erlkönig und seine Anverwandten.

☞ Illusionen treten auf bei **ÜBERMÜDUNG,** bei **STARKEN AFFEKTEN** oder auch im **DELIR**.

**38)** Für die Therapie einer isolierten phobischen Störung (*z. B. Spinnenphobie*) würde man üblicherweise folgendes Verfahren wählen:

**A)** Autogenes Training
**B)** Gruppentherapie
**C)** Verhaltenstherapie
**D)** Große Psychoanalyse
**E)** Gesprächstherapie

**Antwort:**

☒ Lösung ©

*Ein paar der üblichen Therapieformen und ihre Indikationen sollte man als Psychotherapeut schon kennen.*

Ⓐ Das **AUTOGENE TRAINING** ist ein **ENTSPANNUNGSVERFAHREN**, das der Patient durch **KONZENTRATIONSÜBUNGEN** erlernt.

Das Autogene Training nach **I. H. SCHULTZ** dient

- der Erholung von Körper und Geist bei Gesunden und kann
- bei Kranken zur **SCHMERZBEKÄMPFUNG** und
- zur Behandlung von **PSCHOVEGETATIVEN STÖRUNGEN** hervorragend eingesetzt werden.

Hierzu gehören

- alle **ERSCHÖPFUNGSZUSTÄNDE,**
- **SCHLAFSTÖRUNGEN,**
- **NERVÖSE VERDAUUNGSSTÖRUNGEN,**
- „**NERVOSITÄT**" (*Psychosen ausschließen!*) und
- als Unterstützung bei **PSYCHOSOMATISCHEN KRANKHEITEN**.

Ⓑ Eine **GRUPPENTHERAPIE** kann unter 2 verschiedenen Gesichtspunkten durchgeführt werden.

① Die **ANALYTISCHE GRUPPE**.

In der Gruppe werden Affekte beim Einzelnen verstärkt, so daß es leichter zum **KATHARTISCHEN NACHERLEBEN** traumatischer Situationen kommt (*Psychodrama nach Moreno*).

② Die **VERHALTENSTHERAPEUTISCHE GRUPPE**.

Sie eignet sich besonders für **SELBSTSICHERHEITSTRAINING**, **RET** und/oder **SELBSTERFAHRUNGEN**.

*Ein großer Nachteil der Gruppentherapie sind die großen Anforderungen, die an den* ***Therapeuten*** *gestellt werden; hier ist eine* ***längere Fachausbildung*** *unerläßlich.*

Ⓒ Die **VERHALTENSTHERAPIE** hat den Vorteil, schnell Ergebnisse liefern zu können. Die Verhaltenstherapeuten gehen von der Annahme aus, daß (*neurotisches*) Verhalten **ERLERNT** ist, und deshalb auch wieder **ABTRAINIERT** werden kann.

Die wichtigsten Methoden der Verhaltenstherapie sind:

- **SYSTEMATISCHE DESENSIBILISIERUNG** (*bei Phobien*)
- **SELBSTSICHERHEITSTRAINING** (*Rollenspiele, Üben von Spontanität und [sozial adäquatem] Aggressionsverhalten in Gruppen*)
- **OPERANTES KONDITIONIEREN** (*Token-Economy: positive Verstärkung von erwünschten Verhaltensweisen durch Münzen mit definiertem Tauschwert*).

Ⓓ Die **GROSSE PSYCHOANALYSE**, wie sie die freud'sche Schule beschreibt, ist bei allen **NEUROTISCHEN STÖRUNGEN** indiziert.

Eine große Psychoanalyse dauert mindestens 2 Jahre mit ca. 3 Sitzungen pro Woche. Diese Therapie strebt eine komplette Neuorientierung der Persönlichkeit an und ist deshalb sehr aufwendig. Damit ist die Indikationsstellung eingeschränkt.

Ⓔ Eine **GESPRÄCHSTHERAPIE** (*Beratung*) kann sich immer nur auf Themen beschränken, deren Ursache in der **GEGENWART** liegt.

Die klassischen Phobien haben ihren Urspung im **VORSCHULALTER**; hier ist eine echte Therapie vonnöten - *ein Gespräch reicht hier nicht.*

Die **GESPRÄCHSPSYCHOLOGIE** nach **ROGERS** zählt ebenfalls zu den Kurztherapien; die Indikation liegt bei

- **LEICHTEN PSYCHISCHEN STÖRUNGEN** und
- **KRISENINTERVENTIONEN**.

**39) Welche Aussage ist richtig?**

Das Ansprechen von Gefühlen, das Eingehen auf den Patienten und gleichzeitiges Verstehen sind ein zentrales Anliegen folgender Psychotherapieform:

**A)** Gesprächspsychotherapie
**B)** Autogenes Training
**C)** Hypnose
**D)** Psychoanalyse
**E)** Verhaltenstherapie

**Antwort:**

☒ Lösung Ⓐ

Ⓐ Es handelt sich um die **KLIENTZENTRIERTE PSYCHOTHERAPIE** nach **ROGERS**.

Die Grundidee dieser Psychotherapieform ist aus dem humanistischen Gedankengut abgeleitet: es geht hier um den Patienten, nicht um Symptome. Dem Menschen wird geholfen, sich optimal entwickeln zu können (*„werde, der du bist"*).

Kernpunkte der Therapie sind:

- **UNBEDINGTE WERTSCHÄTZUNG, AKZEPTANZ DES PATIENTEN**
- **EMPATHIE** (*einfühlendes Verstehen*): der Therapeut fordert den Patienten auf, zu seinen Gefühlen zu stehen; er spricht in der Therapie diejenigen Gefühle aus, die der Patient nur angedeutet hat
- **ECHTHEIT DES THERAPEUTEN**: der Therapeut geht quasi mit gutem Beispiel voran und macht weder sich noch dem Patienten was vor.

Ⓑ Das **AUTOGENE TRAINING** ist eine Form der **SELBSTENTSPANNUNG**. Hier vermittelt der Therapeut nur die dazu nötigen Schritte; das Ansprechen von Emotionen etc. gehört nicht dazu.

Ⓒ In der **HYPNOSE** läßt der Patient den Therapeuten arbeiten und lümmelt sich faul auf der Liege: man **SUGGERIERT** im **ENTSPANNTEN ZUSTAND** dem Patienten z. B. das Verschwinden seiner Konversionssyndrome und allgemeines Wohlbefinden.

Ein kurzzeitiger Erfolg ist in der Regel bei der Hypnose immer zu verzeichnen; langfristig jedoch ändert sich nichts am psychopathologischen Grundbild.

Die Hypnose ist nur indiziert als **AKUTINTERVENTION** bei klar definierten Störungen (*Angst vor der morgigen Prüfung, Schmerzen im linken Knie etc.*).

☠ Es besteht die Gefahr der **ABHÄNGIGKEIT VOM THERAPEUTEN**!

Ⓓ Bei der **PSYCHOANALYSE** arbeitet jetzt der Therapeut (*anscheinend*) weniger:

➠ der Therapeut **ENTHÄLT SICH ALLER STELLUNGSNAHMEN** und verhält sich streng **NEUTRAL** (*Abstinenzregel*).

➠ Im Gegenzug erzählt der Patient alles, was im gerade einfällt (*die Grundregel*).

In der Psychoanalyse werden **UNBEWUSSTE KONFLIKTE** aufgedeckt:

- durch Bearbeitung der **ÜBERTRAGUNG**
- durch die Deutung von **WIDERSTÄNDEN**
- durch die **FREIE ASSOZIATION**.

Ⓔ Die **VERHALTENSTHERAPIE** geht davon aus, daß Verhalten, egal ob adäquat oder inadäquat, **ERLERNT** ist.

Die Verhaltenstherapie beobachtet das Verhalten - definiert den inadäquaten Teil des Verhaltens - und eliminiert ihn.

Techniken:

- **KLASSISCHE KONDITIONIERUNG**
  *Beispiel:*
  - **GEGENKONDITIONIERUNG,**
  - **SYSTEMATISCHE DESENSIBILISIERUNG,**
  - **REIZÜBERFLUTUNG**

- **OPERANTE KONDITIONIERUNG**
  *Beispiel:*
  - **BIOFEEDBACK,**
  - **TOKEN ECONOMY,**
  - **MODELLERNEN**

- **KOGNITIVE VERHALTENSTHERAPIE**
  *Beispiel:*
  - **RET NACH ELLIS**

**40) Welche Aussage ist richtig?**

Psychoanalytische Verfahren ...

**A)** ..... arbeiten bevorzugt mit negativer Verstärkung
**B)** ..... streben Konfliktlösungen an
**C)** ..... sind symptomorientiert
**D)** ..... wirken über eine systemische Desensibilisierung
**E)** ..... keine Aussage trifft zu.

## Antwort:

☒ Lösung Ⓑ

Ⓑ Ein **KONFLIKT** entsteht, wenn **GLEICHZEITIG ZWEI STREBUNGEN VON VITALER BEDEUTUNG AKTIV SIND**.

Die eine Strebung kann z. b. ein **TRIEB** sein (*ES*), die andere Strebung kann sich in einer Anforderung der **UMWELT** äußeren (*ÜBER-ICH*).

Konflikte sind die Wurzel eines jeden Wachstums der **PERSÖNLICHKEIT** (*kreative Lösungen sind angesagt!*), aber auch die Wurzel einer jeden **NEUROSE** (*wenn's mit der Kreativität hapert*).

Unteroptimal gelöste Konflikt neigen dazu, immer wieder in entstellter Form zu erscheinen:

- sei es in **TRÄUMEN**,
- sei es in bestimmten **KRANKHEITSSYMPTOMEN**,
- sei es in immer wiederkehrenden **PSYCHISCHEN KONSTELLATIONEN** (*immer Pech in Partnerschaften etc.*).

☞ Die **PSYCHOANALYSE** sucht nach den **URSACHEN** von auffälligem Verhalten - *sie analysiert.*

Wenn dem Patienten der zugrundeliegende Konflikt bewußt ist, braucht er nicht mehr auf **SCHEINLÖSUNGEN** auszuweichen, sondern kann sich bewußt (*rational, kognitiv*) mit der entsprechenden Problematik auseinandersetzen. Die Krankheitssymptome verschwinden dann automatisch.

Ⓐ Unter einer **NEGATIVEN VERSTÄRKUNG** versteht man eine Erhöhung der Auftretenswahrscheinlichkeit eines Verhaltens, wenn ein negativer Reiz wegfällt.

***Beispiel:*** die genervte Mutter steht mit ihrem aufgeweckten Fünfjährigen an der Kasse am Supermarkt an. Junior will unbedingt ein Überraschungsei und quengelt, was das Zeug hält. Als die Mutter mal kurz nicht hinschaut, räumt Junior kurzerhand das Regal aus.

**ABER:**

In dem Moment, wo die Mutter ihm ein Überraschungsei in die Hand drückt, ist Ruhe. Sowohl die Mutter als auch Junior ziehen aus dem Vorfall ihre Schlüsse.

Verhaltenstherapeutisch ausgedrückt ist Folgendes passiert:

- die **MUTTER** lernt: wenn ich meinem Sohn das Ei gebe, nervt er mich nicht = Wegfall eines negativen Reizes = **NEGATIVE VERSTÄRKUNG**.
- der **SOHN** lernt: wenn ich nerve, bekomme ich ein Überraschungsei = Koppelung mit positivem Reiz = **POSITIVE VERSTÄRKUNG**.

*Raten Sie mal, wie der nächste Besuch im Supermarkt aussieht!*

Ⓒ **VERHALTENSTHERAPIEN** sind **SYMPTOMORIENTIERT**. Die Verhaltenstherapien gehen von **MESS-** bzw. **BESCHREIBBAREM VERHALTEN** oder von **DENKSTRUKTUREN** aus und versuchen, diese Parameter zu ändern.

☞ *Damit sind sie symptomorientiert.*

Ⓓ Auch die **SYSTEMATISCHE DESENSIBILISIERUNG** gehört zu den Verhaltenstherapien.
Die systematische Desensibilisierung nach **WOLPE** wendet man bei den **PHOBIEN** an:

Man bringt den Patienten in einen entspannten Zustand und nähert schrittweise das phobische Objekt; erst in der Phantasie, später in der Realität - *mit guten Ergebnissen übrigens!*

Ⓔ Aussage Ⓔ stimmt nicht, weil Ⓑ zutrifft.

**41) Welche Aussage ist richtig:**

Unter der Bezeichnung „Übertragungsneurose“ versteht man:

**A)** Von einem Patienten auf den anderen übertragene Neuroseform
**B)** Wiederholung einer infantil bedingten Neurose innerhalb der psychoanalytischen Behandlung
**C)** Therapeutisch nicht angehbare Form der Psychoneurosen
**D)** Unerwünschte Komplikationen innerhalb einer psychoanalytischen Behandlung
**E)** keine Aussage trifft zu.

**Antwort:**

☒ Lösung Ⓑ

Ⓑ Die **ÜBERTRAGUNGSNEUROSE** gehört wieder zur **PSYCHOANALYSE**.

Die Übertragungsneurose ist Grundlage einer jeden **ANALYTISCHEN THERAPIE**.

Man versteht darunter, daß der Patient Teile seiner infantil bedingten Neurose auf den Therapeuten **PROJIZIERT**. Der Therapeut deutet das entsprechend und der Patient kann dieses infantile Material jetzt (*rational*) bearbeiten.

Das funktioniert aber nur, wenn der Therapeut sich strikt an die „**ABSTINENZREGEL**" hält und nicht wertet, tröstet, beschwichtigt oder gar konkrete Ratschläge gibt!

***Im Klartext:*** im Rahmen der Psychotherapie bringt der Patient dem Therapeuten Gefühle entgegen, die aus alten, verdrängten Konflikten stammen. Er drängt den Therapeuten quasi in die Rolle des **UNGERECHTEN VATERS** (*er protestiert gegen die Person des Therapeuten*) oder der **GELIEBTEN MUTTER** (*er verliebt sich in den Therapeuten*) oder er ist **EIFERSÜCHTIG** auf andere Patienten des Therapeuten.

☞ Der Therapeut reagiert aber in einer solchen Situation **NICHT EMOTIONAL** sondern **PROFESSIONELL** (*passiv - gleichbleibende, schwebende Aufmerksamkeit - wohlwollende Zugewandheit*).

Wenn man die Übertragung von der Person des Therapeuten ablöst, bleibt die **BEWUSSTSEINSFÄHIGE KOMPONENTE**, die bearbeitet werden kann, übrig.

***bei Freud nachlesen!***

Unter **GEGENÜBERTRAGUNG** versteht man die (*nicht erwünschte*) emotionale **REAKTION DES THERAPEUTEN** auf die Übertragungen. Hierbei ist der therapeutische Effekt gleich Null; eine **LEHRANALYSE** schützt weitestgehend vor dieser Fehlreaktion.

Ⓐ Die Übertragung neurotischer Symptome auf andere hat keinen eigenen Namen; sie ist bei allen Neurosen, einschließlich der **PARANOIA** möglich.

© Therapeutisch nicht angehbare Formen der Psychoneurosen gibt es theoretisch nicht -
... *praktisch aber doch.*

Es handelt sich um **PSYCHOPATHIEN** (*Charakterneurosen*), wie z. B. eine **GEMÜTSARME PERSÖNLICHKEIT** (*Massenmörder etc*) oder **QUERULANTEN**.

☞ Es ist abzuklären, ob hinter **EXTREMEN FORMEN EINER NEUROSE** nicht ein **ORGANISCHER** (*frühkindlicher*) **HIRNSCHADEN** steckt.

Ⓓ Die unerwünschte Komplikation innerhalb einer psychoanalytischen Behandlung könnte eigentlich nur die **GEGENÜBERTRAGUNG** sein.

Hier kriegt sich der Therapeut nicht auf die Reihe und verliebt sich auch noch in seine(*n*) Patient*in/en* .....*mit wenig therapeutischem Effekt.*

**42) Welche Aussage/n ist/sind richtig?**

Als Widerstand bezeichnet man in der Psychotherapie:

**a)** stark abwehrendes Patientenverhalten, das durch Hypnose überwunden werden kann

**b)** Fernbleiben des Patienten von der Therapiestunde, weil er keine Lust hat.

**c)** Übertragungsneurose, die ein Patient möglicherweise im Laufe der psychoanalytischen Therapie entwickelt.

**d)** Ziel eines Selbstbehauptungstrainings

**e)** Kräfte, mit denen sich ein Patient dem Fortschritt der Behandlung entgegenstellt.

**A)** Alle Aussagen sind richtig.
**B)** Nur Aussagen a, c und e sind richtig.
**C)** Nur Aussagen b und e sind richtig.
**D)** Nur Aussage a ist richtig.
**E)** Nur Aussage d ist richtig.

## Antwort:

☒ Lösung Ⓒ

ⓔ Unter **WIDERSTAND** versteht man alle Kräfte und Bestrebungen, mit denen sich der Patient dem Fortschreiten der Therapie **ENTGEGENSTELLT**. Der Widerstand ist ein **UNBEWUSSTES** Geschehen und ist letztlich Schuld daran, daß der Patient den zugrundeliegenden Konflikt gar nicht mehr weiß oder erkennt.

Die Widerstände, die man im Laufe des Lebens aufgebaut hat, helfen, Kränkungen etc. zu verdrängen und machen das Leben erträglich.

In der Therapie müssen diese ollen Kamellen wieder hervorgeholt werden und die damaligen Insuffizienzgefühle tauchen wieder auf. Kein Wunder, daß sich das Unterbewußtsein des Patienten gegen diese Aufdeckungen sträubt!
Beim Auftauchen von Widerständen weiß der gewiefte Analytiker, daß jetzt interessantes Material am hervorbrechen ist - *jede Erkenntnis muß hart erarbeitet werden. Psychische Arbeit ist mit die unangenehmste Arbeit, die es gibt.*

ⓑ Widerstände können sich äußern in:

- Zuspätkommen,
- „dringenden, unerwarteten Erledigungen" (*z. B. ein Geburtstagsgeschenk einkaufen müssen für einen nahen Angehörigen - der klassische „unerwartete" 80. Geburtstag des Vaters*),
- Schweigen bei der Aufforderung zu Assoziieren oder im
- unentschuldigten Fernbleiben von der Therapie.

ⓐ **ABWEHRENDES VERHALTEN** des Patienten: ja - durch **HYPNOSE** überwinden: nein.

Es ist immer ungünstig, ein negatives Patientenverhalten durch irgendwelche Gewaltmaßnahmen, wie suggestive Beeinflussung o. ä. überwinden zu wollen. Diese Idee, Widerstände durch Hypnose überwinden zu wollen, riecht nach einer **GEGENÜBERTRAGUNG**!

🕮 **siehe Frage # 14**

ⓒ Die **ÜBERTRAGUNG** ist unser erklärtes Ziel in der **PSYCHOANALYTISCHEN THERAPIE**.

Erst wenn der Patient merkt, welche Widerstände er hat, kann er sie weglassen und sich dem verdrängten Material zuwenden. Oft ist die Neurose der fleisch- bzw. symptomgewordene Widerstand!

ⓓ Das Ziel eines **SELBSTBEHAUPTUNGSTRAININGS** ist es, eine adäquate Reaktion innerhalb einer **GRUPPE** zu zeigen. Es dreht sich hier nicht um *„die Sau rauslassen"* und um ungerichtete Aggressionen (*Widerstand ?*) sondern darum, seinen **EIGENEN STANDPUNKT** zu vertreten, sich nicht unterbuttern zu lassen, aber trotzdem Anderen auch einen Standpunkt zuzubilligen. So wie man halt mit Anderen umgehen sollte....

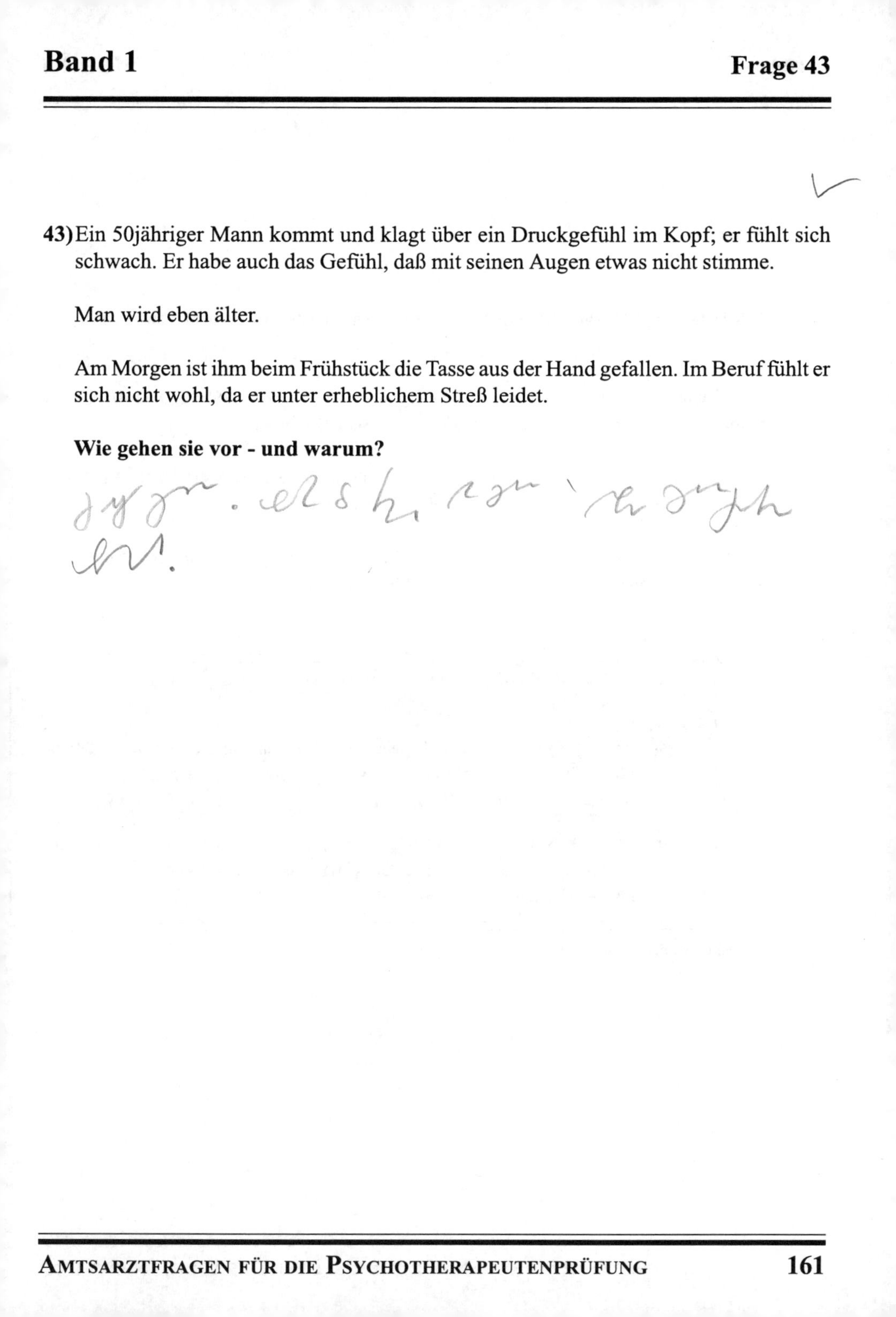

**43)** Ein 50jähriger Mann kommt und klagt über ein Druckgefühl im Kopf; er fühlt sich schwach. Er habe auch das Gefühl, daß mit seinen Augen etwas nicht stimme.

Man wird eben älter.

Am Morgen ist ihm beim Frühstück die Tasse aus der Hand gefallen. Im Beruf fühlt er sich nicht wohl, da er unter erheblichem Streß leidet.

**Wie gehen sie vor - und warum?**

[illegible]

**Antwort:**

☒ Ich schicke den Patienten zum Neurologen, um den Verdacht auf einen Hirntumor auszuschließen.

Es dreht sich immer um dasselbe Problem, nämlich, daß vor der Diagnose „**PSYCHOSOMATISCHE ERKRANKUNG**" wirklich alle organischen Ursachen ausgeschlossen sind.

Verdächtig auf irgendwas Organisches ist z. B. daß dem Patienten eine **TASSE AUS DER HAND GEFALLEN** ist in Zusammenhang mit anderen **KOPFSYMPTOMEN**.

Natürlich kann einem immer mal wieder was aus der Hand fallen, wenn sich aber die Verdachtsmomente häufen, lieber den Patienten mal zum **NEUROLOGEN** wegschicken.

Verdachtsmomente sind:

- **DRUCKGEFÜHL IM KOPF**, oder auch Kopfweh, das beim Bücken schlimmer wird.
- **AUGENSYMPTOME**, z. B. sehen wie durch eine **MILCHGLASSCHEIBE**, **GESICHTSFELDAUSFÄLLE**, Schwierigkeiten, zu fixieren (*das Kleingedruckte zu lesen*) oder **DOPPELBILDER**
- **MOTORISCHE AUFFÄLLIGKEITEN**, z. B. die Tasse, die aus der Hand fällt, oder wenn der Patient ständig hinfällt sind bis zum Beweis des Gegenteils als organische Schädigungen zu betrachten.

Hier besteht also der Verdacht auf einen **HIRNTUMOR**.

44) a) **Beschreiben Sie das präsuicidale Syndrom!**

b) **Nennen Sie 5 Suicid-Gründe!**

c) **Nennen Sie 5 Risikogruppen!**

d) **Was versteht man unter einem erweiterten Suicid?**

## Antwort:

☒ ⓐ Das präsuicidale Syndrom ist durch die Trias nach Ringel gekennzeichnet: Einengung des Lebensbereichs, Aggressionshemmung, Todesphantasien.

ⓑ Suicidgründe können sein: unheilbare Krankheiten, Einsamkeit, Hoffnungslosigkeit, soziale Isolation, Psychosen

ⓒ Risikogruppen sind Alleinstehende, Kranke, Süchtige, Kriminelle, Depressive.

ⓓ Unter einem erweiterten Suicid versteht man die Tötung anderer Personen im Zuge des Suicids.

ⓐ Eine **SUICIDGEFAHR** ist immer sehr schwer abzuschätzen. Die meisten Menschen geben irgendwie versteckte Hinweise auf ihre Absicht - es kann nur ein Problem werden, diese Hinweise richtig zu interpretieren.

Wir hatten uns in **Frage # 31** darauf geeinigt, daß Sie, wenn Ihnen was komisch vorkommt, immer direkt nachfragen, ob der Patient mit dem Gedanken spielt, sich umzubringen. Er hat hier nochmal 'ne reelle Chance, über sein Problem zu reden.

Das **PRÄSUICIDALE SYNDROM NACH RINGEL** geht einer Suicidhandlung voraus:

① **EINENGUNG DER SOZIALEN UND PSYCHISCHEN LEBENSBEREICHE** (*Rückgang der normalen Interessen und Verlust der Werte*).
Hierher gehört auch die **VEREINSAMUNG**; wobei es gleichgültig ist, ob die Vereinsamung von außen oder vom Patienten selbst induziert wurde. Menschen in der präsuicidalen Situation vernachlässigen Dinge, die früher für sie eine wichtige Bedeutung hatten.

② **AGGRESSIONSHEMMUNG,** bzw. **WENDUNG DER AGGRESSION GEGEN DIE EIGENE PERSON** (*Selbstvorwürfe*) *- eine nicht nach außen abgeleitete Aggression wird irgendwann wieder zum Vorschein kommen.*

③ **TODESPHANTASIEN**. Im Anfang beschäftigt sich der Patient viel mit dem Thema Tod und/oder stellt sich vor, tot und begraben zu sein. Für die Diagnose „erhöhte Suicidgefahr" sind solche Vorstellungen, wenn sie sich von selbst aufdrängen, auch wenn der Patient sich gerade mit anderen Dingen beschäftigen will.

Eine andere Möglichkeit, die Suicidalität abzuschätzen, ist das **SUICIDALE ACHSENSYNDROM** nach **MITTERAUER**. Auch hier gibt es eine Trias:

① **OFFENE** und/oder **VERSTECKTE SUICIDALITÄT**.
Hierher gehören Suiciddrohungen, auch wenn sie versteckt gegeben werden: z. B. der Patient kauft sich jetzt keinen neuen Wintermantel, „*weil sich das eh nicht mehr lohnt*“ oder der ausgesprochene Wunsch, bei seinen verstorbenen Angehörigen zu sein. **Solche Suicidankündigungen müssen immer ernst genommen werden!!**

② Vorhandensein einer **PSYCHOSE**.
Bei einer **CYCLOTHYMIE** (*endogene Depression*), bei einer **SCHIZOPHRENIE** oder manchmal sogar bei der Diagnose einer **HIRNORGANISCHEN VERÄNDERUNG** ist eher mit einer Suicidhandlung zu rechnen, als bei der übrigen Bevölkerung.

③ **SUICIDPOSITIVE FAMILIENANAMNESE**. Ob es für eine Suicidhandlung ein Gen gibt, wird kontrovers diskutiert; zumindest prägt ein Suicid aber die Familie, in der man aufwächst, entscheidend.

ⓑ **SUICIDGRÜNDE** können sein:

- **VEREINSAMUNG, ENTWURZELUNG, VERLUST ZWISCHENMENSCHLICHER KONTAKTE** (*auch Liebesenttäuschung*)
- **BERUFLICHE, FINANZIELLE SCHWIERIGKEITEN**
- **FEHLEN EINER AUFGABE IM LEBEN, FEHLEN EINES LEBENZIELS**
- **KONFRONTATION MIT EINER SCHWEREN ERKRANKUNG**
- **NACHAHMUNGSEFFEKT** bei Suiciden in unmittelbarer Umgebung
- **PSYCHOSEN**: besonders die **ENDOGEN DEPRESSIVEN** und die **SCHIZOPHRENEN** sind hier gefährdet.

ⓒ **RISIKOGRUPPEN** sind:

- **DEPRESSIVE** aller Art
- **ABHÄNGIGE** (*Drogen, Medikamente, Alkohol*)
- **ALTE MENSCHEN, VEREINSAMTE MENSCHEN**
- Menschen, die sich gerade in einer unerwarteten **KRISE** befinden (*Verlust des Arbeitsplatzes z. B.*)
- Menschen, die einen Suicid **ANGEKÜNDIGT** haben
- Menschen, die bereits einen oder mehrere **SUICIDVERSUCHE** hinter sich haben.

Der Verdacht auf Suicidalität kann durch geeignete Tests

- **TAT**,
- **SCENO-TEST**,
- **RORSCHACH-TEST**,
- **ROSENZWEIG-TEST**,

verifiziert (*aber leider nie ausgeschlossen*) werden.

ⓓ Unter einem **ERWEITERTEN SUICID** versteht man die Mitnahme weiterer Personen (*meistens naher Angehöriger*), **OHNE DEREN WILLEN**.

☞ Wenn alle beteiligten Personen einverstanden sind, spricht man von einem **GEMEINSAMEN SUICID**.

**45)** Eine 40jährige Frau kommt in Ihre Praxis und teilt Ihnen mit, daß sie am Vorabend im Fernsehen eine Sendung gesehen habe und nun wisse sie, daß sie unter Anorexia nervosa leide.

Sie sei in ihrer Ehe oft unzufrieden und habe stark abgenommen. Ihre Figur wird immer dünner. Sie ist oft müde. Auch habe sie ein komisches Gefühl im Bauch und Probleme bei der Verdauung.

Heute morgen habe sie sich gewogen und festgestellt, daß sie 20 kg abgenommen habe. Aber dies sei jetzt nicht sie schlimm, da sie jetzt, nach der Fernsehsendung wisse daß sie an Anorexia nervosa leide.

**Wie handeln sie und warum?**

## Antwort:

☒ Da es sich bei der Patientin um inhaltliche Denkstörungen handeln könnte, schließe ich als erstes eine Psychose aus.

Abgesehen von der Tatsache, daß die Patientin mit ihren 40 Jahren doch ca. 25 Jahre zu alt ist für eine **ANOREXIA NERVOSA**, soll mir doch mal einer vormachen, wie man aufgrund einer Fernsehsendung über Nacht 20 kg verliert!

☞ Solche Äußerungen sollten Sie schon hellhörig werden lassen - es handelt sich um eine **INHALTLICHE DENKSTÖRUNG**.

Zu den inhaltlichen Denkstörungen gehören

- **ZWANGSGEDANKEN** oder der
- **WAHN**.

Jetzt müßte man noch eruieren, wie ernst die Patientin das mit den 20 kg meint: ist sie davon vollständig überzeugt und diskutiert erst gar nicht über die Ernsthaftigkeit ihrer Angabe, liegt wohl ein **WAHN** vor.

Erinnern Sie sich noch an die **WAHNKRITERIEN**:

- **SUBJEKTIVE GEWISSHEIT,**
- **KRANKHAFTER ICH-BEZUG,**
- **UNKORRIGIERBAR,**
- **UNVERSTEHBAR,**
- **UNMÖGLICHER INHALT.**

*Naja, weit weg sind wir nicht mit unserer Vermutung „Wahn".*

💡 Falls es sich um einen Wahn handelt, falls also die Patientin auf ihrer Geschichte besteht, wurde eine reale Wahrnehmung, die Fernsehsendung, in das Wahngebilde mit eingebaut. Es handelt sich demzufolge formal um eine **WAHNWAHRNEHMUNG**.

Dann sollten Sie noch bedenken, daß ein Wahn oft eine **SCHIZOPHRENIE** einleitet. Also, Sie klären die **SYMPTOME ERSTEN** und **ZWEITEN RANGES** nach **KURT SCHNEIDER** ab.

*Alles klar? Nochmal zum spicken:*

**SYMPTOME ERSTEN RANGES**:

- **ICH-STÖRUNGEN**
- **GEDANKENEINGEBUNG, GEDANKENBEEINFLUSSUNG, GEDANKEN-LAUTWERDEN**
- **WAHNWAHRNEHMUNG**
- **STIMMENHÖREN IN FORM VON REDE UND GEGENREDE**
- **BEEINFLUSSUNGSERLEBNISSE;** *möglicherweise gehört das komische Gefühl im Bauch hierher.*

**SYMPTOME ZWEITEN RANGES** sind:

- **WAHNEINFALL**
- **HALLUZINATIONEN**
- **GEFÜHLSVERARMUNG**
- **VERSTIMMUNG**

Wenn die Patientin das Ganze eher scherzhaft nimmt, und sich mehr drüber lustig macht, aufgekratzt ist bis zur Nervigkeit, und bei der Anamnese vom Hundertsten ins Tausendste kommt, könnte es sich auch mal um eine **MANISCHE PHASE** handeln.

Kennzeichen wäre dann hier, daß sie diese Idee mit der Anorexie bald wieder fallenläßt und sich irgendwelchen anderen, „verrückten" Ideen zuwendet (***Ideenflucht***)

Egal, ob es sich um eine Schizophrenie, eine isolierte Paranoia oder um eine Manie handelt - **der Psychotherapeut behandelt hier nicht, sondern schickt die Patientin zum Psychiater**.

**46) Was tun sie, wenn bei einer Anorexie-Patientin die Regel ausbleibt?**

## Antwort:

☒ Ich veranlasse eine gynäkologische Untersuchung.

*Eigentlich ist's immer wieder das Gleiche: Sie behandeln erst, wenn Ihre Patienten gründlich durchgecheckt sind.*

Natürlich gehört die **AMENORRHOE**, das Ausbleiben der Periodenblutung, zu den klassischen Symptomen der Anorexie - *Ihre Patientin könnte aber **zusätzlich** noch eine gynäkologische Erkrankung aufweisen. Eben darum kümmert sich der Frauenarzt.*

*Nochmal kurz zum Wiederholen:*

Die Anorexia nervosa ist eine Krankheit, die in der Hauptsache **PUBERTIERENDE MÄDCHEN** mit einer **DOMINANTEN MUTTER** betrifft.

Kennzeichen:

- **GEWICHTSVERLUST** (*ohne organische Ursache!!*)
- **AMENORRHOE** aufgrund von hormonellen Fehlregulationen
- **OBSTIPATION** (*was zum Abführmittelabusus führt*)
- **GEWICHTSPHOBIE**.

Die Patientinnen sind in der Regel

- sehr **LEISTUNGSBEZOGEN**,
- **GUTE SCHÜLERINNEN** und
- **HELFEN GERNE ANDEREN**.

**Nicht vergessen: die Anorexia ist eine Erkrankung, die tödlich enden kann! Also immer Zusammenarbeit mit einem Arzt!**

**47) Ordnen Sie zu:**

**1.** Endogene Depression
**2.** Neurotische Depression

**A)** Einschlafstörungen
**B)** frühes Erwachen, Durchschlafstörungen
**C)** besonders im Frühjahr und Herbst
**D)** frühkindliches Konflikt; Trennungsängste

**Antwort:**

☒ ① Ⓑ Ⓒ
☒ ② Ⓐ Ⓓ

Wenn ein Patient Ihnen erzählt, *„daß er wohl nicht so gut drauf sei"*, kann das mehrere Gründe und Hintergründe haben.

Die Differentialdiagnose **„DEPRESSION"**:

Es gibt

- ❶ Die **DEPRESSIVE REAKTION**.
  *Eine depressive Reaktion ist **ADÄQUAT**, z. B. eine **TRAUERREAKTION** beim Verlust eines nahen Angehörigen.*

- ❷ Die **REAKTIVE DEPRESSION** oder **DEPRESSIVE KONFLIKTREAKTION**.
  *Es handelt sich hier um eine **nachvollziehbare Reaktion** (z. B. Trauerreaktion), die sich aber **ZU LANGE** hinzieht. Die normale **TRAUERARBEIT** beträgt ein Jahr; wenn ein Patient 3 Jahre trauert, spricht man von einer reaktiven Depression.*

- ❸ Die **NEUROTISCHE DEPRESSION**.
  *Der neurotischen Depression liegt **KEIN AKUTER KONFLIKT** zugrunde, sondern es handelt sich um eine Fehlhaltung (Neurose), die ihre Wurzel in der **KINDHEIT** hat.*

Ⓓ *Nach **FREUD** spricht man von einer **ORALEN FIXIERUNG** mit **MANGELNDER NESTWÄRME** und oft **ÜBERFÜRSORGLICHER VERWÖHNUNG** durch die Mutter (Overprotection). Die **DEPRESSIVE NEUROSE** entsteht aus dem Konflikt zwischen*

- ***TRENNUNGSANGST** und*
- ***ANHÄNGLICHKEIT**.*

*Im Gegensatz zu den **ENDOGENEN DEPRESSIONEN**, die häufig ab dem **50. LEBENSJAHR** beginnen, macht sich die neurotische Depression schon früher, ab dem **30. LEBENSJAHR** bemerkbar. Echte Phasen sind hier selten; es wird auch **kein MORGENTIEF** beobachtet.*

Ⓐ *Die **VEGETATIVEN BEGLEITERSCHEINUNGEN** führen zu **SCHLAFSTÖRUNGEN**, im Sinne von **Einschlafstörungen**, bzw. Schlafstörungen in der ersten Hälfte der Nacht.*

▼ ***Aber Vorsicht: jeder Depressive ist SUICIDGEFÄHRDET!***

- ❹ Die **ENDOGENE DEPRESSION** oder **MELANCHOLIE.**

Ⓑ *Hierher gehört das* ***MORGENTIEF****. Die Patienten erwachen in aller Regel recht früh (Schlafstörungen in der zweiten Nachthälfte) und quälen sich stundenlang im Bett herum, ohne aufstehen zu können.*

*Kennen Sie noch die anderen Zeichen der endogenen Depression?*

- ***DEUTLICH ABGESETZTE PHASEN***
- ***GEFÜHL DER GEFÜHLLOSIGKEIT***
- ***FORMALE UND INHALTLICHE DENKSTÖRUNGEN***
- ***WAHNIDEEN***
- ***HYPOMANE NACHSCHWANKUNG*** *am Ende einer Phase.*

© *Sehr viele körperliche und auch psychische Krankheiten (auch die endogene Depression) weisen eine jahreszeitliche Schwankung auf - oft kommt es zu Verschlimmerung der Symptomatik im Frühjahr und im Herbst.*

☞ ***Neurosen*** *werden mehr von dem* ***PSYCHOSOZIALEN UMFELD*** *beeinflußt; jahreszeitliche Schwankungen sind hier nicht so deutlich.*

- ❺ die **ORGANISCHE DEPRESSION.**

*Hierunter fallen depressive Verstimmungen,*

- *die durch* ***MEDIKAMENTE*** *ausgelöst werden können,*
- *Depressionen bei* ***STOFFWECHSELSTÖRUNGEN*** *(Diabetes mellitus z. B.), im Rahmen eines*
  - ***M. PARKINSON****, eines*
  - ***M. ALZHEIMER*** *oder einer*
  - ***MULTIPLEN SKLEROSE***
- *oder auch bei* ***HIRNTUMOREN****.*

**48) Welche Aussage ist für die endogene Depression zutreffend:**

**A)** Depressive sind besonders während des Umschwungs der Phasen (*Beginn und Ende*) suicidgefährdet.

**B)** Die Therapie besteht aus strenger Betttruhe und Isolierung.

**C)** Es tritt eine psychomotorische Antriebssteigerung auf.

## Antwort:

☒ Lösung Ⓐ

*Na, gewußt?*

Ⓑ *Wenn Sie einen Depressiven ins Bett stecken und isolieren wollen, kaufen Sie ihm doch am besten gleich das Buch „100 Wege zum erfolgreichen Selbstmord".*

Der Depressive zieht sich ja ohnehin aus seiner psychosozialen Umgebung zurück und versinkt immer mehr im Grau seiner **PSYCHOSE**.

Depressive muß man **AKTIVIEREN**, damit sie aus dem **STIMMUNGSTIEF** wieder rauskommen. *Da es sich aber um eine Psychose handelt, kann auf pharmakologische Hilfe nicht verzichtet werden; Sie können ergänzende Therapien - **nach Rücksprache mit dem behandelnden Arzt** - beisteuern.*

**siehe Frage # 12**

Ⓒ Schauen Sie sich mal Depressive an - *vielleicht bewerben Sie sich mal um einen Praktikumsplatz in einem psychiatrischen Krankenhaus!* Der Depressive sitzt reglos in der Ecke oder im Bett, starrt immer geradeaus und rührt sich nicht. Sein Denken ist so gehemmt wie seine Bewegungen, die **MIMIK** ist starr und unbeweglich.

Der Depressive hat also eine **PSYCHOMOTORISCHE ANTRIEBSMINDERUNG**; er fühlt sich zwar innerlich unter Spannung, kann aber diese Spannung nicht nach außen leiten.

Ⓐ Depressive sind tatsächlich am meisten **SUICIDGEFÄHRDET**, wenn eine Phase beginnt oder wenn sie aufhört. Depressive versichern immer, das **STIMMUNGSTIEF** ist so furchtbar, „daß sie **alles tun würden**, um sowas nicht nochmal erleben zu müssen."

*Jetzt stellen Sie sich vor, der Patient hatte schon mehrere Phasen hinter sich und merkt plötzlich, daß es schon wieder losgeht ...*

➧ Auf dem **HÖHEPUNKT** des Tiefs (*oder besser Tiefpunkt desselben*) ist die **HANDLUNGSHEMMUNG** so groß, daß ein Suicid zwar nicht unwahrscheinlich ist, aber das Risiko nicht gar zu hoch ist.

➧ Jetzt kommt das **ENDE** der Phase: wenn's dumm läuft, zeigt der Patient langsam wieder Entschlußfreudigkeit und kommt aus seiner Passivität heraus.

***Er tut endlich das, woran er die letzten Monate gedacht hat....***

☞ Das ist übrigens auch der Grund, warum man Depressiven keine **ANTRIEBSSTEIGERNDEN MEDIKAMENTE** verabreicht.

**49) Welche Aussage/n ist/sind richtig?**

Durch folgende Substanz/en kann eine Psychose ausgelöst werden:

**a)** Alkohol

**b)** Drogen

**c)** Cortison

**d)** Hypercalciämie

**A)** Alle Aussagen sind richtig.
**B)** Nur Aussagen a und b sind richtig.
**C)** Nur Aussage b ist richtig.
**D)** Nur Aussagen b, c und d sind richtig.
**E)** Nur Aussagen a, b und d sind richtig.

**Antwort:**

☒ Lösung Ⓐ

Eigentlich kann durch fast Alles eine **ORGANISCHE PSYCHOSE** ausgelöst werden. Die Körperfunktionen (*auch die cerebralen/psychischen Funktionen*) sind so fein aufeinander abgestimmt, daß eine längerdauernde Veränderung, egal welcher Art, Schäden verursacht.

ⓐ **ALKOHOL**, unser Gift Nr. 1, kann

① ein Delir

② eine Alkoholhalluzinose

③ eine Wernicke-Encephalopathie

④ eine Korsakow-Psychose verursachen.

ⓑ **DROGEN** sind in Bezug auf **ORGANISCHE PSYCHOSEN** besonders interessant:

Alle Drogen verursachen Denkstörungen:

- **COCAIN** verursacht **HALLUZINATIONEN**, **WAHN**, und **ANTRIEBSSTÖRUNGEN** und **SCHIZOPHRENIEÄHNLICHE PSYCHOSEN**
- **CANNABIS, MARIHUANA** verursacht **ILLUSIONEN, HALLUZINATIONEN, ANTRIEBSHEMMUNGEN**
- **HALLUZINOGENE** (*LSD*) können **SCHIZOPHRENIEÄHNLICHE PSYCHOSEN** induzieren

ⓒ **CORTISON** kann

- **DEPRESSIVE,**
- **MANISCHE,**
- **PARANOIDE** und
- **DELIRIANTE PSYCHOSEN** hervorrufen.

ⓓ Die **HYPERCALCIÄMIE** (*zuviel Calcium im Blut*) ist für **WAHNVORSTELLUNGEN** und **VERSTIMMUNGEN** verantwortlich.

Auch viele Medikamente können **CEREBRALE NEBENWIRKUNGEN** aufweisen:

- die **PILLE** kann **DEPRESSIONEN** verursachen,
- **ANTIBIOTIKA** ein **DELIR**
- **BLUTDRUCKMITTEL DEPRESSIONEN**
- **MAGEN-DARM-MEDIKAMENTE PARANOIA** mit **SUICID**

*Ein Lichtblick in dem Ganzen: die meisten Psychosen sind nach dem Normalisieren des Stoffwechsel reversibel, sofern die Störung noch nicht allzu lange bestanden hat.*

**50) Welche Aussage ist richtig?**

Unter einem erweiterten Suicid versteht man ...

**A)** den Suicid mehrerer Personen

**B)** die Mitnahme einer anderen Person (*Kind z. B.*) in den Tod des Suicidausübenden

**C)** Keine Aussage ist richtig.

**Antwort:**

☒ Lösung Ⓑ

*Zum krönenden Abschluß wieder mal was Leichtes:*

Ⓑ Wie schon in **Frage # 44** ausgeführt, versteht man unter einem **ERWEITERTEN SUICID** die Mitnahme von Personen, die mit dieser Maßnahme nicht einverstanden waren - *um es mal salopp auszudrücken.*

Manchmal bleibt dieser Mitnahmesuicid auf halbem Wege stecken: nachdem beispielsweise eine depressive Mutter ihr Kind vergiftet hat, nimmt sie selbst nicht genug Medikamente, um sich anschließend auch umzubringen.

§§ Wenn es sich bei dem Täter um einen **ENDOGEN DEPRESSIVEN** handelt, ist die Tat nach § 20 schuldfrei - *eine gute Ausgangsbasis, um sofort mit einer intensiven Psychotherapie zu beginnen.*

Ⓐ Ein Suicid mehrerer Personen, die alle damit einverstanden waren, bezeichnet man als **GEMEINSAMEN SUICID**. So etwas kann bei Sekten vorkommen.

# INHALTSVERZEICHNIS

## Symbole



## A

## C



## D

## E

## H

## L

## N



## O

## P

## S

## W



## Z

Was Jetzt folgt, ist eine Auflistung unserer Stammbuchhandlungen.

Wenn Sie mich jetzt fragen, was eine Stammbuchhandlung ist, so ist das schnell beantwortet.

Eine **STAMMBUCHHANDLUNG** ist eine Buchhandlung, die Ihrer Literatur gegenüber aufgeschlossen ist, d. h. entweder eine medizinische Fachbuchhandlung (*Univesitätsbuchhandlung o. ä.*), oder eine Buchhandlung, die oft genug von Ihnen oder Ihren Kolleginnen und Kollegen frequentiert wird, so daß dieser Buchhändler eine Ecke für Sie eingerichtet hat, in der unsere Bücher vollständig vertreten sind.
*Wir möchten halt nicht, daß Sie die Katze im Sack kaufen müssen, oder aber, was wir noch schlimmer finden, daß Sie das Buch erst bestellen müssen und dann nochmal rein in die Buchhandlung, um das Buch abzuholen. Das macht niemand Spaß und so viel Zeit haben Sie wohl auch nicht übrig für vergebliche Wege.*
Für eben diese Fälle haben wir unsere Stammbuchhandlungen, bzw. unseren Direktvertrieb (***mit 24 Stunden Versandservice!,*** *der auch gerne für Sie Bücher reserviert, oder Sie auch mal in speziellen Fragen berät. Frau Brockmann hat die Ausbildung zur Hp selbst schon hinter sich und kann Ihnen auch mal diesen oder jenen Tip geben*).
Falls Sie eine/n Buchhändler/in kennen, die/der in diese Beschreibung passen könnte, so zeigen Sie ihr/ihm doch einfach mal diese Seiten. Der Anreiz wäre ein besserer Rabatt, die Erwähnung bei unserer Liste der Stammbuchhandlungen, günstige Konditionen für Inserate in den Büchern oder Prospekten (*siehe z. B. nächste Seite*), die Versorgung mit Werbematerial und natürlich der Umstand, daß wir unsere Kunden, die bei uns anrufen, auf sie aufmerksam machen.
Sie sehen also, wir bemühen uns darum, den Vertrieb so attraktiv wie möglich zu gestalten, soweit dies in unserem Rahmen machbar ist.
Wir beliefern natürlich auch Ihren speziellen Buchhändler, haben aber hier ca. eine Woche Lieferzeit und, selten aber doch, ab und zu unsere Probleme. Dies mag eine fehlerhafte Bestellung sein, die Zahlungsmodalitäten oder sonstiger Ärger. Daß wir unsere schwarzen Schafe nicht mehr beliefern ist klar, nur wer sagt Ihnen das? - Deshalb verzweifeln Sie nicht, rufen Sie uns an, es läßt sich mit etwas gutem Willen alles regeln und wir haben weiß Gott genügend Möglichkeiten Sie zu beliefern. Seit der Übernahme der Paracelsus-Bookshops durch die Lehmanns-Buchhandlungen gibt es selbst hier unsere Bücher wieder zu kaufen.

p.s. Wenn Sie Titel bestellen, die sich verzögert haben, bekommt Ihr Buchhändler eine Karte mit der entsprechenden Meldung. Dies geht leider ab und zu unter - verständlich bei der Menge an Werbung und Schrott, der sich täglich in der Geschäftspost befindet. Sollten Sie also nichts hören von Ihrer Bestellung, so gilt auch hier „ruf doch mal an“.

*Das wäre also auch gesagt. Bleibt nur noch zu sagen toi, toi toi für die Prüfung - und nicht vergessen,* ***wir sind immer dankbar für Prüfungsfragen.***

# 24 Stunden Service

Ihre Bestellung wird noch am Eingangstag bearbeitet!

# Standing order Service

Sie erhalten automatisch und druckfrisch alle Neuerscheinungen bis auf Widerruf!

Um Sie möglichst schnell beliefern zu können haben wir seit Oktober 1994 den Direktvertrieb des ARDEA-Verlags und seit August 1995 den Exklusivvertrieb der **Poster der Infektionskrankheiten** übernommen.

Wir haben alle Titel des ARDEA-Verlags auf Lager und bieten Ihnen **ohne Aufpreis** unseren **24-Stunden-Service,** sowie unseren **Standing-Order-Service** an.

Wir bieten Ihnen zusätzlich an:

- Ohrkerzen
- Bücher
- Akupunkturnadeln und Zubehör
- Musik
- ätherische Öle
- Lehrtafeln u.v.m.

Fordern Sie doch einfach unsere HP-Infoliste an!

ER-LEBEN

# Bernd Brockmann

Rudolfstr. 2 32584 Löhne

Telefon: ( 05732 ) 74 211 Fax: ( 05732 ) 73 820

| | | |
|---|---|---|
| **Aachen**<br>Pontstr. 66 - 68 | Buchhandlung | Augustinus |
| **Aachen** | Bookshop | Paracelsus-Schule |
| **Augsburg**<br>Karolinenstraße 12 | Buchhandlung | Pustet |
| **Berlin**<br>Friedrichstr. 128 | Buchhandlung | J.F.Lehmanns |
| **Berlin**<br>Hardenbergstr. 11 | Buchhandlung | J.F.Lehmanns |
| **Berlin** | Bookshop | Paracelsus-Schule |
| **Bern** | Bookshop | Paracelsus-Schule |
| **Bielefeld**<br>Oberntorwall 23 | Buchhandlung | Phönix |
| **Bielefeld** | Bookshop | Paracelsus-Schule |
| **Bludenz** | Bookshop | Paracelsus-Schule |
| **Bochum-Querenburg**<br>Universitätsstr. 140 | Buchhandlung | Brockmeyer |
| **Bonn**<br>Am Hof 5a | Buchhandlung | Behrendt |
| **Bonn**<br>Am Hof 32 | Buchhandlung | Bouvier |
| **Bonn**<br>Königstraße 89 | Buchhandlung | James Zowe |
| **Braunschweig**<br>Neue Straße 23 | Buchhandlung | Graff |
| **Braunscheig** | Bookshop | Paracelsus-Schule |
| **Bremen**<br>Alter Dorfweg 16 | Buchhandlung | J. Leclaire |
| **Bremen** | Bookshop | Paracelsus-Schule |
| **Chemnitz** | Bookshop | Paracelsus-Schule |
| **Dortmund**<br>Westenhellweg 9 | Buchhandlung | Krüger |
| **Dortmund** | Bookshop | Paracelsus-Schule |
| **Dresden** | Bookshop | Paracelsus-Schule |
| **Düsseldorf**<br>Friedrichstraße 24-26 | Buchhandlung | Stern Verlag Janssen & Co |

| | | |
|---|---|---|
| **Düsseldorf** | Bookshop | Paracelsus-Schule |
| **Duisburg** | Buchhandlung | Ananda |
| Lenzmannstr. 8 | | |
| **Duisburg** | Buchhandlung | Braun'sche |
| Königstraße 80 | | |
| **Erfurt** | Bookshop | Paracelsus-Schule |
| **Erlangen** | Buchhandlung | Mencke & Blaesing |
| Universitätsstr. 16 | | |
| **Erlangen** | Buchhandlung | Rudolf Merkel |
| Untere Karlstraße 9 - 11 | | |
| **Essen** | Buchhandlung | Baedeker |
| Kettwiger Straße 35 | | |
| **Essen** | Buchhandlung | Brockmeyer |
| Robert-Koch-Straße 12 | | |
| **Essen** | Bookshop | Paracelsus-Schule |
| **Frankfurt** | Buchhandlung | Alt |
| Gartenstraße 134 | | |
| **Frankfurt** | Buchhandlung | Hugendubel |
| Aug.-Schanz-Str. 33 | | |
| **Frankfurt** | Medizin am Klinikum | Friederike Jung |
| Gartenstr. 177 | | |
| **Frankfurt** | Buchhandlung | Wötzel |
| Paul-Ehrlich-Str. 24 | | |
| **Frankfurt** | Bookshop | Paracelsus-Schule |
| **Freiburg** | Buchhandlung | Herder |
| Kaiser Joseph Str. 180 | | |
| **Freiburg** | Buchhandlung | Hans Ferdinand Schulz |
| Friedrichring 13 | | |
| **Freiburg** | Buchhandlung | J. F. Lehmanns |
| Friedrichring 25 | | |
| **Freiburg** | Bookshop | Paracelsus-Schule |
| **Freiburg** | Buchhandlung | Hasselblatt |
| Tennenbacher Str. 5 | | |
| **Füssen** | Buchhandlung | Asklepios |
| Magnusplatz 6 | | |

| | | | |
|---|---|---|---|
| **Gießen**<br>Frankfurter Straße 42 | Buchhandlung | J. F. Lehmanns | |
| **Gießen** | Bookshop | Paracelsus-Schule | |
| **Göttingen**<br>Weender Straße 33 | Buchhandlung | Deuerlich | |
| **Graz** | Bookshop | Paracelsus-Schule | |
| **Halle**<br>Universitätsring 7 | Buchhandlung | J. F. Lehmanns | |
| **Hamburg**<br>Hermannstraße 17 | Buchhandlung | J.F. Lehmanns | |
| **Hamburg**<br>Curschmannstr. 24 | Buchhandlung | Otto Spatz | |
| **Hamburg** | Bookshop | Paracelsus-Schule | |
| **Hannover**<br>Konstanty-Gutschow-Str. | Buchhandlung | J. F. Lehmanns | |
| **Hannover**<br>Bahnhofstr. 14 | Buchhandlung | Schmorl & v. Seefeld | |
| **Hannover** | Bookshop | Paracelsus-Schule | |
| **Heidelberg**<br>Bergheimer Sr. 102 | Buchhandlung | Haug | |
| **Heilbronn** | Bookshop | Paracelsus-Schule | |
| **Jena**<br>Schloßgasse 3/4 | Jenaer | Uni-Buchhandlung | Dr. K. Mattäus |
| **Karlsruhe**<br>Kaiserstraße 199 | Buchhandlung | Buchkaiser | |
| **Karlsruhe** | Bookshop | Paracelsus-Schule | |
| **Kassel**<br>Obere Königstraße 23 | Buchhandlung | Freyschmidt | |
| **Kassel** | Bookshop | Paracelsus-Schule | |
| **Kaufbeuren**<br>Salzmarkt 14 | Buchhandlung | Edele | |
| **Kempten**<br>Bahnhofstr. 4 | Buchhandlung | Dannheimer | |
| **Kempten** | Bookshop | Paracelsus-Schule | |
| **Kiel**<br>Brunswiker Str. 23-25 | Buchhandlung | Brunswiker | |
| **Koblenz** | Bookshop | Paracelsus-Schule | |

| | | |
|---|---|---|
| **Köln**<br>Edsel-Ford-str. 26 | Buchhandlung | Bouvier |
| **Köln**<br>Neumarkt 18a | Buchhandlung | Gonski |
| **Köln** | Bookshop | Paracelsus-Schule |
| **Konstanz** | Bookshop | Paracelsus-Schule |
| **Leipzig**<br>Talstr. 30 | Buchhandlung | J. F. Lehmanns |
| **Leipzig** | Bookshop | Paracelsus-Schule |
| **Lindau** | Bookshop | Paracelsus-Schule |
| **Löhne**<br>Rudolfstr. 2 | Versandbuchhandlung | ER-LEBEN<br>Bernd Brockmann |
| **Magdeburg** | Bookshop | Paracelsus-Schule |
| **Mainz**<br>Binger Str. 18 | Buchhandlung | J. F. Lehmanns |
| **Mainz**<br>An der Universität | Buchhandlung | Johann Gutenberg |
| **Mainz** | Bookshop | Paracelsus-Schule |
| **Mannheim**<br>T 1 | Buchhandlung | Prinz |
| **Mannheim** | Bookshop | Paracelsus-Schule |
| **Memmingen**<br>Kempter Str. 4 | Buchhandlung | Kräuterkiste |
| **Mönchengladbach** | Bookshop | Paracelsus-Schule |
| **München**<br>Häberlstr. 16 | DEVA-Shop | Eva Kirchlechner |
| **München**<br>Marienplatz | Buchhandlung | Hugendubel |
| **München**<br>am Stachus | Buchhandlung | Hugendubel |
| **München**<br>Pettenkofer Str. 18 | Buchhandlung | J.F. Lehmanns |

| | | |
|---|---|---|
| **München**<br>Lindwurmstr. 21 | Buchhandlung | Müller & Steinicke |
| **München**<br>Schillerstr. 51 | Buchhandlung | Otto Spatz |
| **München** | Bookshop | Paracelsus-Schule |
| **Münster**<br>Hüffer Str. 69 | Buchhandlung | J.F. Lehmanns |
| **Münster**<br>Salzstr. 56 | Buchhandlung | Pörtgen |
| **Münster**<br>Alter Steinweg 1 | Buchhandlung | Regensberg |
| **Münster** | Bookshop | Paracelsus-Schule |
| **Nürnberg**<br>Adlerstraße 10 - 12 | Buchhandlung | Büttner |
| **Nürnberg**<br>Ludwigsplatz 1 | Buchhandlung | Hugendubel |
| **Nürnberg** | Bookshop | Paracelsus-Schule |
| **Osnabrück**<br>Große Str. 69 | Buchhandlung | Wenner |
| **Osnabrück** | Bookshop | Paracelsus-Schule |
| **Passau**<br>Kleiner Exerzierplatz 4 | Buchhandlung | Pustet |
| **Passau** | Bookshop | Paracelsus-Schule |
| **Ravensburg**<br>Schulgasse 6 | Buchhandlung | Schmitt |
| **Regensburg**<br>Wahlenstr. 17 | Buchhandlung | Hugendubel |
| **Regensburg**<br>Gesandtenstraße 6-8 | Buchhandlung | Pustet |
| **Regensburg**<br>Obere Bachgasse 21 | Buchhandlung | Universum |
| **Regensburg** | Bookshop | Paracelsus-Schule |
| **Rosenheim** | Bookshop | Paracelsus-Schule |
| **Rostock** | Bookshop | Paracelsus-Schule |
| **Saarbrücken** | Bookshop | Paracelsus-Schule |
| **Siegen** | Bookshop | Paracelsus-Schule |

| | | |
|---|---|---|
| **Straubing** | Buchhandlung | Pustet |
| Theresienplatz 41 | | |
| **Stuttgart** | Buchhandlung | Wittwer |
| Königstraße 30 | | |
| **Stuttgart** | Bookshop | Paracelsus-Schule |
| **Trier** | Bookshop | Paracelsus-Schule |
| **Tübingen** | Bookshop | Paracelsus-Schule |
| **Überlingen** | Buchhandlung | Plassmann |
| Turmgasse 8 | | |
| **Ulm** | Buchhandlung | J.F. Lehmanns |
| Wengengasse 27 | | |
| **Ulm** | Bookshop | Paracelsus-Schule |
| **VS-Villingen** | Bookshop | Paracelsus-Schule |
| **Wien** | Bookshop | Paracelsus-Schule |
| **Wiesbaden** | Fachbuchhandlung | Bräuer |
| Friedrichstr. 39 | | |
| **Wilhelmshaven** | Buchhandlung | Christian Arnold |
| Kieler Str. 19 | | |
| **Würzburg** | Buchhandlung | Hugendubel |
| Schmalzmarkt 12 | | |
| **Würzburg** | Bookshop | Paracelsus-Schule |
| **Zürich** | Bookshop | Paracelsus-Schule |

**Was die Adressen der Lehmanns-Bookshops in den Paracelsus-Schulen angeht, so sind wir noch nicht überall bereits vertreten - wenn Sie aber Ihren zuständigen Buchhändler bitten, wird er Ihnen die Bücher sicher gerne bestellen...**

# Unser derzeitiges Angebot

ISBN 3-929915-23-5   ISBN 3-929915-21-9   ISBN 3-929915-20-0

## Wir sind Ihnen bei Ihrer Prüfung behilflich!

ISBN 3-929915-07-3

# Psychotherapeuten

# Endlich erhältlich!

Auf dieses Buch haben Sie schon lange gewartet!

# VADEMECUM

für die

# PSYCHOTHERAPEUTEN-PRÜFUNG

● Wollen auch Sie sich auf die Psychotherapeutenprüfung (im Sinne des Heilpraktikergesetzes) vorbereiten? *

● Wissen auch Sie nicht, wo Sie mit Ihren Vorbereitungen beginnen sollen, oder was dabei eigentlich von Ihnen verlangt wird? *

**Dann können wir Ihnen helfen!**

Unser "Vademecum für die Psychotherapeutenprüfung" ist, ähnlich wie unser bereits tausendfach erprobtes "Vademecum für die Heilpraktikerprüfung", ein Paukkompendium, wie Sie es wohl schon lange gesucht haben.
Stichpunktartig ist hierin der gesamte Prüfungsrelevante Stoff zusammengefaßt, wie er von Ihnen verlangt wird. Ohne lange Umschweife sind hier die Fakten zusammengetragen, in den Formulierungen, wie Sie in der Prüfung wörtlich von Ihnen erwartet werden.

* *Der Gesetzgeber hat seit einiger Zeit die Möglichkeit gegeben, sich, nach bestandener Prüfung, als Psychotherapeut zu betätigen. Hiermit ist auch Um- und Aussteigern die Chance geboten, sich ohne akademisches Studium den Lebenstraum zu realisieren.*

**VADEMECUM**
**für die**
**Psychotherapeutenprüfung**
**3-929915-20-0**

Endlich, endlich gibt es so etwas wie das bestens bewährte "***Vademecum für die Heilpraktikerprüfung***" auch für den angehenden Psychotherapeuten. Absolutes Basic - was hier steht, muß auch bewußtseinsgetrübt sitzen. **Unbedingt auswendig lernen.**

**23,80 DM**

## Unser Bonbon!

Aufgrund der Struktur der neuen Prüfungsordnung und weil ja auch unsere Kandidaten für die Psychotherapeutenprüfung Vorbereitungsliteratur brauchen, gibt es jetzt einen neuen Band der Amtsarztfragen.

Brandneu, brandheiß und brandaktuell ...

# Psychiatrie

Ein Thema, das zwar in der Ausbildung gerne zu kurz kommt, das aber immer wieder gerne in der Prüfung auftaucht. Für die Praxis ist es ebenfalls recht wichtig, weil vielleicht mancher Patient am psychischen Abgrung steht und darauf angewiesen ist, daß Sie ihn vor dem Absprung bewahren.

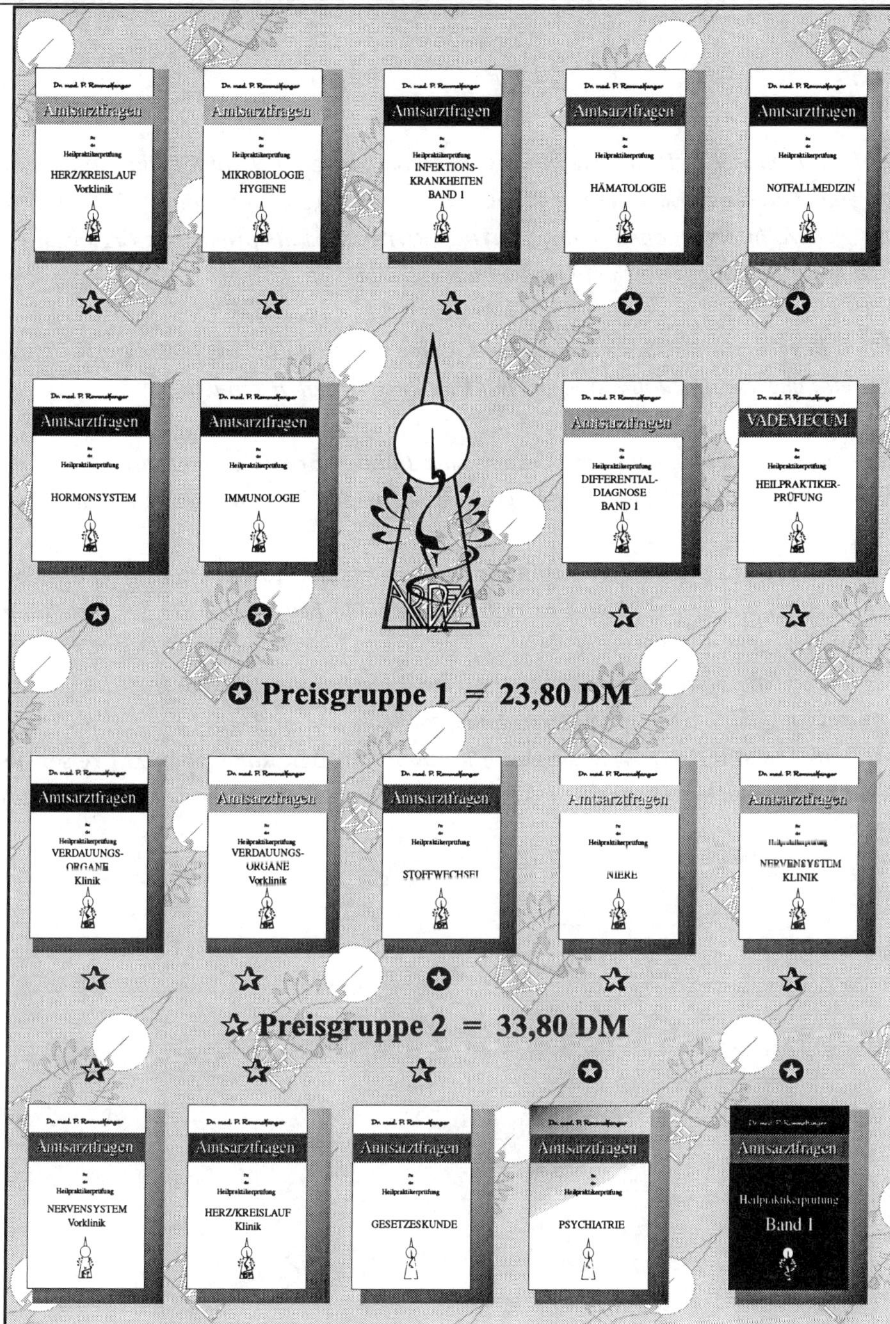
Dr. med. P. Rennefanger
Amtsarztfragen
für die Heilpraktikerprüfung
HERZ/KREISLAUF Vorklinik
MIKROBIOLOGIE HYGIENE
INFEKTIONS-KRANKHEITEN BAND 1
HÄMATOLOGIE
NOTFALLMEDIZIN
HORMONSYSTEM
IMMUNOLOGIE
DIFFERENTIAL-DIAGNOSE BAND 1
VADEMECUM
HEILPRAKTIKER-PRÜFUNG
ARDEA
Preisgruppe 1 = 23,80 DM
VERDAUUNGS-ORGANE Klinik
VERDAUUNGS-ORGANE Vorklinik
STOFFWECHSEL
NIERE
NERVENSYSTEM KLINIK
Preisgruppe 2 = 33,80 DM
NERVENSYSTEM Vorklinik
HERZ/KREISLAUF Klinik
GESETZESKUNDE
PSYCHIATRIE
Heilpraktikerprüfung Band I

*Auf der nächsten Seite haben wir unsere Aufbaukurse für 96 aufgeführt. Sollten Sie an einem dieser Kurse interessiert sein, so melden Sie sich bitte unter 0911-77 67 91 für weitere Informationen. Diese* ***Aufbaukurse*** *sind als praktische Ergänzung zu den jeweiligen theoretischen Unterichten gedacht.*

*Nach Besuch eines Kurses aus dieser Kategorie sollten Sie das jeweilige Verfahren soweit beherrschen, daß Sie sofort mit Patienten arbeiten können.*

*Alle unsere Dozenten haben mindestens eine 2jährige Praxiszeit hinter sich. Bei fachlichen Rückfragen können Sie sich gerne auch an die Dozenten selbst wenden.*

Da unsere Aufbaukurse ein erhebliches Mehr an organisatorischem Aufwand bedeuten, können wir unser „Kino-Prinzip" (*d. h. Zahlen bei Besuch der Veranstaltung*) hier leider nicht mehr verwirklichen.
Wir bitten daher um Ihr Verständnis, daß die Kurse im Vorneherein zu bezahlen sind (*Anmeldung mit beigefügtem Verrechnungsscheck, der zu Beginn des Kurses eingelöst wird*).**Schüler der Ardea-Schule können von den angegebenen Preisen jeweils 10 % abziehen** (*Ausnahme: Kinesiologie-Kurse, Reiki-Kurse und Radiästhesie*).

# AUFBAUKURSE ..........................................

# PAUKKURSE 1996

BRANDNEU

**Nuernberger Trichter**

## FÜRTH

**20.5. bis 30.5.**

## STUTTGART

**26./27. März**
**Gründonnerstag und Karfreitag**

## MUENCHEN

**30./31. März**
**Ostersonntag und Ostermontag**

## WUPPERTAL

**1./2. November**

VORAB DIE ERSTEN TERMINE!